JN068770

ポスト・コロナ禍時代の グローバル人材育成

大学の国際教育のパラダイムシフト

共著 ———

池田 佳子　　ベネット アレキサンダー
前田 裕　　　バイサウス ドン
藤田 髙夫　　岩﨑 千晶
山本 英一　　古川 智樹
本村 康哲　　プールオミッド サッジャド

関西大学出版部

【本書は関西大学研究成果出版補助金規程による刊行】

目　次

まえがき　ポスト・コロナ禍時代の人材育成

前田裕

　コロナ禍は一瞬のうちに世界を変えてしまった。人の移動や集まりが制限され、人と人とが分断される中で、政治、経済、教育、文化など、社会の多くの側面が著しい影響を受けている。人類が長い歴史をかけて築いてきた現代社会は、ここまでも脆いものだったのかと驚くばかりである。ワクチンの接種が進み、治療薬も開発されているとはいうものの、オミクロン株をはじめとした新型株の出現を考えると、コロナ禍の終息を予測するには時期尚早の感がある。

　一方で、このことは、たとえ世界に様々な隔たりがあったとしても、我々の住む地球上の社会は、世界に広がる人のネットワークとそのモビリティ、人と人との相互作用の上でしか成立しないことを示している。多様な言語や文化、あるいは、これらも含めた価値観の多様性を、我々はお互いに理解し、尊重し、共存しなければならない。同時に、そのような多様性を包含した社会にこそ、継続的な存続と発展の礎があることも指摘したいと思う。

　コロナ禍を待つまでもなく、現代の世界社会は様々な問題を抱えていた。その象徴的な課題がSDGs（Sustainable Development Goals）にまとめられている。さらに、世界人口の増加は、事態をより複雑にしている。食料や水、インフラの整備も含めた人口増への対応にはむずかしい状況が含まれるのである。

　その中で、各国間の社会、経済状況の違いで、人の移動が生じることは自然であり、より経済活動が活発な地域へ、より安全な地域に、より住みやすい地域に人は移動していく。日本の社会にとっては、それらをどのように制御するのかが重要なポイントとなる。

　一方、日本の社会にも深刻な問題がある。その1つに少子高齢化、人口減少がある。2018年に12,644万人だった人口は、2065年には8,808万人にまで減少し、[i] 生産年齢人口もこれに伴って約40%減少する。人口の減

1

少は、単に労働力の確保の意味だけではなく、その社会の活力の低下につながる。経済から文化へ、経済から生活へ、深刻な変化が社会全体を徐々に覆い被さっていくのである。

このことは、単純に海外の人材を日本社会が受け入れれば良いということにはならない。移民政策を計画的、積極的に進めてきた欧州、北米と比べて、日本社会は、この種の対応をはじめたばかりである。また、日本の社会では、文化的背景が異なる人材を受け入れることに対する重要性が十分に理解されているとはいえない。また、一方で、日本経済を含めた諸環境を考えた場合、海外人材が日本の社会を目指してくれるのかという問題もある。

それでは、日本は、日本の社会は、海外からどのように評価されているのだろうか。住みやすい都市の調査に関して、The Economist Intelligence Unit の調査による The Global Liveability Index がある[ii]。2015 年の結果によると、東京は 15 位、大阪は 17 位で、2019 年には、東京は 17 位に、大阪は 4 位に位置づけられている。一方、働きやすさはどうであろうか。世界銀行による Ease of Doing Business rankings による 2019 年の調査によると、日本は 29 位で、他のアジア諸国と比べても、必ずしも上位の結果とはいえない[iii]。このように、日本は住みやすい、安全な国として評価される一方で、仕事をする上では働きがいのない社会と見られている。

かつてのワーカーホリック、仕事中毒の日本社会から、働き方に対する日本社会の変化があることは誰もが認めるところである。しかし、まだ変わらなければならない側面が、海外の人から見た評価としてあることは事実だ。子育てや介護がしやすい社会、仕事にやりがいを感じる社会、いきいきと過ごせる社会、お互いを尊重し、理解しあえる社会、誰もが希求する社会環境への変革を行わなくてはならない。

このような日本社会の環境変化は、海外からの人材を受け入れるから進めなくてはならない課題ではない。世界標準から見た日本の労働環境、生活環境の改善は、すでに日本社会で働く人材にとっても、働きやすい環境

を整えることにつながる。

　日本社会にとって、人口問題に関して、単に海外からの人材を受け入れれば良いということではないのだ。より良い環境を求めて人は動いていく。それゆえに海外から人材を受け入れるためには、日本社会全体が変わらなければならない。実は、それは今の日本社会にとっても有益で必要なことだという認識を持つべきである。内なる国際化こそが今求められている。

　同時に、多文化を体験する経験が、起業をはじめとする経済活性化のキーワードを、個人のレベルで刺激するということが指摘されている[iv]。文化的に異なる背景を持つ人材は社会の活性化につながる人材でもある。日本社会の中に、そのような異なった視点を持つ人材が存在することが日本社会の活性化を支えることになる。加えて、感受性の豊かな学生の時代から、多文化交流の場を体験することができれば、それは日本人学生・留学生ともに彼らの将来に新たな選択肢を与えることになる。そしてそれだけではなく、彼らの属する社会に対しても、さらなる発展のための多様性、多様な体験をした人材という大切な基盤を作ることにつながる。

　大学は、そのための良いプラットフォームである。大学は海外からの学生を、最初に受け止めるポートにもなっており、高度な専門性を身につけると同時に、それぞれの人の背景にある文化や言語、習慣、考え方の違いを理解し、尊重することを学ぶ場としての大学の重要性は揺るぐことはない。同時に、日本にいる学生に対しても、異なった文化と出会える場を提供している。そして、このような交流が、新たな道を切り開くことになるということを学ぶ場も大学なのである。

　大学は、積極的にこれを実践すると同時に、社会に対してもその状況を発信する場でなければならない。大学が社会の一部であり、社会の縮図であること、その中で実現する多文化共生は、日本社会にとっても重要な課題になることを発信し続ける必要がある。

　コロナ禍が世界を変えたもう1つのポイントは、実際の人の集まりから、ICTを用いた人と人との交わりへの変革である。実際のモビリティ

から、バーチャルな人の交わりへの移行である。実際に会って行う議論とICTを用いた議論の間で、本質的にどのような差異があるのか、あるいはないのかという議論の結論を得る前に、実質的なパラダイムシフトが多くの分野で起こっている。これからの社会の中では、本当に必要な場合にのみ物理的な人の移動が伴うことになるであろう。

このことは、人と人との集まりを前提としている教育の分野ではより深刻な議論となる。対面授業と遠隔授業に代表されるように、物理的に集まって教育を行うことと、ICTを用いて教育を行うことに、教育効果の観点から、または教育の質保証の観点から、どのような違いがあるのかということが明らかにされなければならない。

同時に、本書のテーマである国際教育ということを考えたとき、留学が意味するもの、学生が海外で学ぶこと、留学生が日本に来て学ぶことの意義も再考しなければならない。教育におけるパラダイムシフトがコロナ禍によって提起されたことは事実だ。しかし、このパラダイムシフトは、遅かれ早かれ、我々が克服しなければならなかった課題である。そして、その理論的、実証的研究の結果が得られる前に、実践しなければならないという事実がある。立ち止まって考える時間はない。走りながら考えるしかないのだ。

コロナ禍以前から、関西大学は国際教育の実践の中で、ICTを積極的に活用してきた。2014年のCOILの導入をはじめ、学生のキャンパス内での多文化交流に力を入れてきた。元来、これらの取り組みは、コロナ禍の到来を待つまでもなく、多文化共生社会を目指し、日本の高等教育が実践していかなければならない取り組みである。コロナ禍が、このような取り組みを世界規模で後押ししたことは皮肉なことかもしれない。

本書にまとめられているのは、前述した問題意識の中で、これを解決するべく、関西大学が行っている人材育成、国際教育実践の事例を中心にまとめたものである。本書が、コロナ禍を克服した日本社会の人材育成のあり方について、国際教育のあり方について、読者の皆様における理解の一助になることを願って、まえがきとさせていただく。

注

i　　厚生労働省 - 日本の人口の推移

ii　　The Economist Intelligence Unit

iii　Ease of Doing Business rankings, 世界銀行

iv　P. Vandor and N. Franke, "See Paris and … found a business? The impact of cross-cultural experience on opportunity recognition capabilities", Journal of Business venturing, vol. 11, pp. 388-407（2016）

第一部

多文化・異文化が混合する
ワークプレースのための人材育成

第1章　外国人留学生のキャリア形成支援のこれから

池田佳子

1. はじめに

　外国人材として今注目されているのは、国内で学ぶ外国人留学生である。そもそも、日本は留学生が多くやってくる、いわば「輸入大国」であるかどうか、という点から考えていきたい。「留学」の資格を持つ外国人総数は、近年従来数年先までのゴールであった30万人台を突破し、今や2040年に向けたポスト留学生30万人計画を見据えた留学生施策が、動き出している。こう書き出すと、留学先として日本を希望する外国人留学生は増加し、前向きな成果に見えるが、詳しく見ていくとそこには課題が多く存在する。留学生の9割以上がアジア出身で、日本語学校等で受け入れている留学生数の伸びが著しく、大学等の「高等教育機関」が受け入れる留学生数の伸びは、意外にもさほど芳しくはない[i]。

　本章と最も関連性の高い課題として取りあげられているのは、たとえば留学した経験者（つまり「元留学生」）のフォローアップが、国全体として行われていないといったことである。大学などの教育機関のさらなる国際化、受入れ環境の整備などを進め、ポスト留学生30万人としてさらに留学生の獲得を進め、近隣諸国に負けない「主要受入れ国」としての位置づけを確立することが求められている[ii]。また、2018年の入管法（出入国管理及び難民認定法）改正から、留学生を将来の「外国人材の卵」と捉え取り組む定着支援の必要性に対する認識が一気に高まった。2019年6月には、「外国人材の受入れ・共生のための総合的対応策の充実について[iii]」が外国人材の受入れ・共生に関する関係閣僚会議で決定し、複数の省庁が多角的に動き始めている。この動きの背景には、昨今の高度外国人材としての卒業後の就職・定着への期待の高まりが今までになく大きいという状況がある。労働人口の減少問題は、先進国として今後も成長を続けていく

べき日本にとって非常にクリティカルな経済危機問題であること、そして外国人材獲得の喫緊の必要性が、十数年前のアジア人財資金構想事業[iv]の時よりもさらに広く認知された。今後、日本が女性のキャリア支援などによる労働人口増加への貢献や、AI などを用いた技術による人材不足対応施策を大急ぎで遂行したとしても、2030 年までにおおよそ 644 万人以上の人材不足になるというシミュレーションもある[v]。近年、外国人材の在留資格の新設置、多様化とそれぞれの資格取得における条件緩和などの改訂が続いているのも、昨今の情勢に後押しされたものだと思われる。

　この外国人材にまつわる混沌とした事情が原因となり、多様な理解と混乱が生じ始めていることは否めない。企業だけではなく国も、そして大学までもがこの混乱の渦の中にとらわれてしまう恐れがある。このような状況における国の対策として第一に標榜されているのが、有能かつ若い世代である高度外国人材層[vi]の育成である。しかし、その一方で、日本の経済全体を俯瞰して考えた場合、需要に対して供給が最も不足しているのは実はミドルスキル層[vii]だという現状が見えにくくなっている。

　大学・大学院卒の外国人留学生の就労は、「専門的・技術的分野」の在留資格を取得するのが最も一般的だが、現在この総数は全体の 20% 前後であり、技能実習やアルバイトなどの資格外活動資格での就労者を合わせ

図1　在留資格別にみた外国人労働者数の推移（千人）
（出典：厚生労働省（https://www.mhlw.go.jp/content/11601000/000744991.pdf（最終アクセス 11-14-2022）））

た数（約 45%）に比べると見劣りする（**図 1**）。つまり、本章で焦点化す
るのは、外国人材のほんの一部の話に過ぎない。しかし、国の施策による
後押しを受け、今後の伸びしろは十分にあるだろう。こういった全体の流
れを理解し、その上で、国内の高等教育機関に属する外国人留学生の就職
問題は語られるべきである。

2. 文部科学省委託事業留学生就職促進プログラム 「SUCCESS-Osaka」

　現在、大学などの高等教育機関で学んだ留学生たちが、卒業後の進路と
して日本での就職を選択する数は、全体の卒業者総数の約 3 割強というの
が全国平均だと言われている（**図 2**）。平成 28 年 6 月に閣議決定された
「日本再興戦略改訂 2016」では、この就職率 3 割を 5 割へ引き上げる施策
が打ち出された。この対策の 1 つが、「留学生就職促進プログラム」であ
り、平成 29 年度から開始された。SUCCESS-Osaka 事業は、この委託事
業の採択を受けスタートし、2021 年 3 月までの 5 年にわたって活動を続
けてきた。関西大学を幹事校とし、大阪大学、大阪府立大学、大阪市立大
学の 4 大学が連携し、産業・経済界の団体や自治体とコンソーシアムを形
成し留学生の関西圏域での就職を支援する取組となっている（http://
www.kansai-u.ac.jp/Kokusai/SUCCESS-Osaka/）。在籍していた留学生総
数は 4 大学を合わせると毎年 4,000 名を超えていた。進学を目的とする留
学生・大学院生も多々在籍する中での国内就職支援事業であること、また

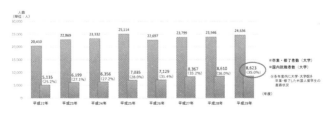

図 2　外国人留学生の卒業・終了及び国内就職の推移
（出典：（独）日本学生支援機構（https://www.meti.go.jp/press/2019/02/20200228007/
20200228007-2.pdf（最終アクセス 11-14-2022)))

図3　SUCCESSアワードの様子

各大学のカリキュラムが異なるといった多様な要素を踏まえつつ、国内企業が求める「人財」としてのキャリア教育を学生達の成長プロセスに伴走し提供している点が大きな特徴である。SUCCESS-Osaka事業は、国内就職を目指す留学生に必要な①**キャリア教育**、②**ビジネス日本語教育**、そして③**インターンシップ等を始めとする企業との交流・接触機会の提供**を行っている。通年で合計150を超える数の対面セミナーや正規履修科目を提供し、参加できない忙しい留学生のためには、セミナーなどの講義を動画収録し、課題をオンライン（LMS/学習マネジメントシステム）で提出して学習できるといったサービスを提供している。本事業が提供する全プログラムに参加する留学生は、「SUCCESSフェロー」と呼ばれ、積極的に参加するフェローには奨学金の給付や、年度末に行う「SUCCESSアワード」イベントで100名を超える企業人の前で表彰を受けるといった機会が与えられている（**図3**）。

　SUCCESS-Osaka事業の取組み中は、300名を超えるフェローが所属しており、通年のセミナー参加者数は1,200名を超えていた。事業開始当初の予想をはるかに上回る参加があり、昨今の国内就職への関心の急な高まりを垣間見ることができる。

　本事業はメディアからも注目され、多くの企業からもお声がかかるようになった。事業後期にはEXPO2025を控え発展が著しい大阪・関西圏域でより多くの留学生に貴重な「外国人材」としてリーダーシップを取り活躍してもらうべく、SDGs（持続可能な発展目標）を意識した新しいビジ

ネスプラニングイベント（Future Design Project）を実施するなどといった、従来のキャリア教育を超越し、座学ではなく実践を通して成長することができる機会を提供するイノベーティブな活動も行った。これらの活動の一番の利点は、国内企業が大学などで学ぶ「外国人留学生」がどのような人材であるのかを実際に接触し、交流を通して理解できる点である。交流を通して、企業人は多くを認識することができる。例えば留学生は、日本での就職に固執しているわけではなく、より良いキャリアを得る機会を求めていること。日本での就職がゴールだと思っていない（日本での就職を経験の一段階として考え、自身での起業や自国での再就職を将来考えている等）留学生もいること。また、国籍が同じでも、それぞれの背景や経験によって多くの個性が存在することである。こういったことを、肌感覚で理解することができる。これらの認識をもって改めて、企業として外国人留学生の雇用について、考えを巡らせてもらいたい。自社の求める人材像と本当にマッチしているのか。自社が模索する企業内の国際化は、外国人留学生を雇用することで実現するのか。どのように活用すれば、それが実現するのか。国籍にとらわれるのではなく、どのような能力やポテンシャルを秘めた人物を自社は求めているのか。実際の人材候補となる層と密に交流してもらうことで、それぞれが正しい理解を構築し、次のステップ（インターンシップとして受入れ、採用など）に「ファクトフル」な態勢で臨むことができるようになるのである。

3. キャリア教育としての日本語教育

　本節では、国内企業での就職を希望する留学生のキャリア教育に特化して論を進めていくこととする。ここでいう「就職」は、外国人材が無事内定を獲得し、自身の「ワーク・キャリア」を持続的に展開していくプロセス、つまり継続性を持った人生設計全てにかかわる活動を意味する。この前提に基づいた考察を進める。

　この定義に基づくと、「就職のための日本語教育」は、「就職活動で勝ち

抜くための日本語教育」とイコールではなくなる。例えば、留学生が（見事）内定をもらうために、面接の練習をしたり、エントリーシートの日本語を添削したり、というのは、本節で取り扱う内容の範疇でいえば、もちろん一部ではあるが、どちらかといえば周辺的な位置づけとなる。では、何が就職のための日本語教育の中核となるのだろうか。この問いへの回答を示すには、「就職」の次に、「キャリア教育」の定義も読者と共有しておく必要がある。

　キャリア教育とは何をするものなのか。日本人向けのキャリア教育関係者が本書の読者層なのであれば、あえて言い定める必要はないだろう。しかし、筆者の管見の限りでは、留学生教育に携わる者は、一般的には日本語教育者、国際教育関係者などの専門畑出身の関係者が主である。日本語教師は、基礎日本語や、アカデミックレベルの大学で学ぶための日本語教育に長年携わってきて、昨今の時代の流れもあり、突如何等かのタイミングで「ビジネス日本語」科目のような担当をまかされるケースも多い。こういった経緯の場合、そもそも「キャリア教育」とは何をするものなのか、その理解がないまま、留学生のための就職支援の取組を進めてしまう。この最初の「ボタンの掛け違い」が原因で、経験が乏しい中、外国人留学生の就職支援に着手しようとする際に、何から教育すべきなのか、そしてどこに「学習達成目標」を置くべきなのか、といった教育設計に大きな迷いが生じ、そしてミスマッチの教育が起こる。こういったリスクがありうるのではないだろうか。

　文部科学省ホームページ[viii]では、キャリア教育にはいくつかの観点があると定義されている。1つ目は、「一人一人の社会的・職業的自立に向け、<u>必要な基盤となる能力や態度を育てる</u>」という、基礎（ファウンデーション）構築の観点である。2つ目は、「一定又は<u>特定の職業に従事するために必要な知識、技能、能力や態度を育てる教育</u>」という職業教育の観点である。この定義は、日本人学生を前提に形作られているものだが、外国人留学生のキャリア教育にも、この概念を当てはめることができるだろう。留学生の場合、1つ目の観点として、「（母国ではなく）日本で働く」

ことへの意識・自覚や、異国で生活し、ライフ・キャリア、ワーク・キャリア双方の構築をしようという態度の育成といったことが基礎構築に加わる。2 つ目の観点は、それぞれの専門的な知識や技能の習得なので、それぞれが望むキャリアごとに異なる次元の内容が入ってくる。この必要性は、留学生も日本人学生もなんら変わることはない。

　「21 世紀スキル」「社会人基礎能力」もしくは「汎用的技能」といわれる、コミュニケーション・スキル、数量的スキル、情報リテラシー、論理的思考力、問題解決力などは、1 つ目の観点の範疇である。これらの能力は、外国人留学生にとってももちろん不可欠要素となる。さらに、これらの汎用的能力を発揮する際に、その意思疎通の基盤となる「日本語能力の育成」も、外国人留学生には不可欠なキャリア教育の一環となるだろう。

　このように「キャリア教育」の理解を踏まえると、外国人留学生の就職支援のための「日本語教育」と、「キャリア教育」を別物として取り扱う必然性はあまりないと言っていい。むしろ、日本語教育をキャリア教育と切り離して取り扱ってしまうがゆえに、かえって「（ビジネス）日本語教育」として何を取り扱うべきなのか、かえって混乱を招く結果になっているのではないだろうか。奥田（2015）でも、高度職業人材育成の取組と日本語教育のアーティキュレーション（連係）が鍵だという提言がある。それぞれの教育機関の環境によって、この連係の形は異なりが生まれるかもしれないが、「キャリア支援のための日本語教育」はこの連係の視点が前提となってはじめて実現するものである。

4. 企業が求める「日本語」の再考

　論を進める上で、明らかにしておくべき別の観点として、「就職に必要な日本語」とは何か、という問題がある。「留学生に求める日本語レベルは何か？」「どんな能力を求めるか？」といったアンケート調査結果は、いくつか前例の調査ですでに広く出回っている。例えば図 4 のようなものである（株式会社ディスコキャリタスリサーチ調査から抜粋）。

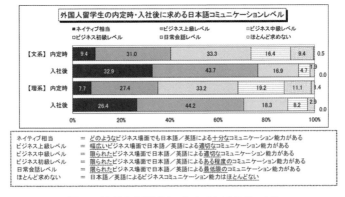

図4　外国人留学生に求める日本語レベル
株式会社ディスコ「2018年度外国人留学生／高度外国人材の採用に関する企業調査」

　この調査では、内定時にビジネス上級レベル以上（レベルの目安は上記を参照）を求める企業は、文系が40.4%、理系が35.1%とある。入社後に求める能力レベルはさらに上昇し、文系76.6%、理系70.6%となる。採用時すぐに必要というわけではないが、入社後に業務を進める上で、非常に高い水準の日本語能力を求める企業が多い、との報告がなされている。

　外国人材の採用において、「高い日本語能力」を人選の基準として筆頭に掲げる採用担当者によく出会う。しかし、ここで意図されている「日本語能力」は、実際のところ何を意味しているのか、を改めて考えてみる価値はありそうである。日本語能力試験における最高認定レベルであるN1があれば合格、ということだろうか？もしくは、BJT（ビジネス日本語能力テスト）でJ1やJ1+（いずれも当該試験における最高レベル）があればいいのだろうか。ここで、一部の読者には失礼な印象を与えてしまうリスクも重々承知した上で、あえて指摘したいのは、多くの企業の人事担当者が志向するN1、J1という日本語能力の基準は、それがどういったコミュニケーション能力を意味しているかということを、十分に彼らが認識した上で求めている基準ではない場合が多い、ということである。SUCCESS-Osaka事業では、1人の外国人留学生が「卒業までに約1,000時間の企業人との接触・交流時間を提供する」ことが特色となっている。

　筆者はこの 1,000 時間をおぜん立てする側として、多くの企業と活動を共にしており、現在の国内企業の、留学生の就職に関する意識や理解度の「現実（リアル）」を肌で感じることができた。多くの企業では、「外国人留学生」がどのようなものなのか、しっかりとした理解を持つまでに至っていない。その原因は明らかで、そもそも留学生と「出会う機会」「じっくりと話す機会」（SUCCESS-Osaka 事業チームでは、俗に「さわったことがない」と表現するが）が非常に少ないからである。都心部では留学生が多く在籍している大学もあるが、地方になると、国立・公立の大学に所属する留学生数も、企業人が日々の活動の中で出会うような機会が各地において頻繁にあるようなことはまずないだろう。たとえ人数がいたとしても、「大学」という特別な環境に彼らは集中し、日々生活しているため、企業人と接触する機会は自然には生まれてこない。SUCCESS-Osaka でも、留学生との交流会を開くと、企業人からはこぞって「こんなに日本語ができるとは思わなかった」といった驚きの言葉をいただく。こういったコメントは、コミュニケーション能力の実態と企業側の理解（イメージ）の乖離が大きい故に、ずれた採用基準を想定してしまう現状を裏打ちしている。
　ではなぜ、「N1」「ネイティブレベル」を採用基準として設置するのか。企業人の視点に立って考えてみよう。留学生に「さわったことがない」「みたことがない」中、昨今の入管法の改正も後押しし、外国人材の採用の声だけが日増しに大きくなっている。人事担当者や、現場を担う企業の人間は、実際に「外国人」が部署に入ってくるかもしれないという事態に、様々な不安を自ら作り出してしまうだろう。言葉が通じなかったらどうやって研修をすればいいだろう。仕事のノウハウを伝えても、理解ができないのではないか。日本の企業の文化習慣に反発し、上司・同僚としてうまく対応できないのではないか。こういった不安を一掃するなら、やはり日本語能力は「ネイティブレベル」を持ち、日本人の採用対象者と同等もしくはそれ以上のパフォーマンスをだせる留学生が欲しい、となってしまう。つまり、企業側の外国人材受け入れへの環境整備が不十分であるが故の判断になっていることが多い。また、ネイティブレベルの日本語を求

める企業からは、「日本人と留学生を区別せず、同じ尺度で採用をきめている」といったコメントをとてもよく耳にする。

　この「区別しない」という言葉の背景に、こういった不安が裏打ちされていないだろうか。「日本語能力試験 N1 保持者」、「母語話者レベル」、といった単純な基準や、「SPI スコア」といった従来の切り口にこだわり、外国人留学生を品定めするという慣例の継続は、企業側が本当に必要とする人材の獲得を考えた場合、かえって貴重な採用の機会を見逃すことにつながりかねない。大手企業をはじめ、外国人材の特性を理解している企業では、すでに従来の形を脱ぎ捨て、新しい採用の手法に切り替えたり、模索したりという動きを始めているところもあるが、まだまだこの距離を縮める努力が不足している。

　企業がさだめる言語能力の「合格基準」が、実は実証的な根拠によるものではないのならば、人材育成を担う側はどうすれば良いのだろうか。改めて、就職支援のための日本語教育は何をするべきなのか、既存の外部基準にとらわれることなく、実践的に再考する必要が出てくる。「高度外国人材」として採用される留学生達は、大学や教育機関という、いわば守られた環境下のホームグラウンドとは異なる、「ビジネスの現場」へ出ていくのである。学生の身分ならば、間違いや失敗が、大学経営に響くようなことはない。また、彼らは教育機関に授業料を納める、いわば「顧客」側の立場にある。しかし、いったん企業人としてスタートすれば、この立場は大きく異なってくる。彼らは、被雇用者であり、実践的な貢献を提供できる人材としての責任を果たし、その報酬として給与を得る。外国人だからといって、間違いを許してもらえたり、簡単な仕事が回ってきたりといった特別対応はない。むしろ、「高度外国人材」として、彼らしかできない貢献をするために必要な能力（コンピテンシーを持ち、それを発揮すること）が期待されるだろう。日本語基礎能力を測定する検定テストの基準等では測りきれない多層多彩なスキルが、現場のコミュニケーションには求められる。これからの国内外の社会で必要な人材には、第 4 次産業革命後のビジネス、そしてその次に来る「Society 5.0」を達成するという

「地球全体の課題に挑戦し、イノベーション・共創を生み出す力」が、外国人材・日本人材問わず求められる。高度外国人材の卵である留学生は、日本語のコミュニケーションスキルの向上とともに、こういった高次な能力も同時に涵養することが必要となる。

5. キャリア教育としての日本語教育事例

　ここからは、留学生のキャリア教育の一環として行う「日本語教育」の事例として、SUCCESS-Osaka 事業の中の取組事例をとりあげながら考察を進めていく。SUCCESS-Osaka 事業は、例年 200 名を超える登録者がいる。彼らは「SUCCESS フェロー」と呼ばれる。このフェローには、プログラムを修了するにあたり一定の教育コンテンツの履修を義務化し、学部生なら 4 年間、大学院生ならば 2 年以下の期間で、就職可能な人材へと育成をする設計となっている（図 5）。

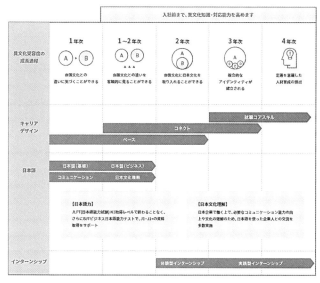

図 5　SUCCESS-Osaka のカリキュラム概念図[ix]

　この教育プログラムの中の日本語教育については、日本語コミュニケーションスキルの研修を「座学」として受講するものと、セミナーや課題解決型・プロジェクト型の実践型学習活動などを通して語学面のスキル向上を図る「実技・実践」タイプの双方を提供している。「座学」とは、教室での講義形式の授業を意味する。概念的レベルでの理解を必要とする場合や、基礎的な情報や知識を習得する場合など、教室という空間で、定期的かつ集中的に学ぶ方が、より効果があるものは、座学形式で提供する。一方で、コミュニケーションは相互行為に基づくものであるため、その能力を上達させるには、現場で実際に相互行為の参加者としての経験を積まなければならない。この理解の下、本事業では、座学とだき合わせで、実技・実践形式の日本語コミュニケーションの場を提供することも、重要な要素であると捉えている。また、キャリア教育の一環としての日本語教育として、その実技の場も、産学連携の活動の中に落とし込むことが重要となる。次項で、座学と実技・実践の事例およびその連係について事例紹介を行っていく。

5.1　座学事例「実践ビジネス日本語」科目

　SUCCESS-Osaka の連携大学の１つである関西大学では、2019 年度から正課科目として外国人留学生対象の「実践ビジネス日本語Ⅰ－Ⅲ」を正式に設置した。各学部所属の外国人留学生を対象とし、卒業所要単位として換算することができる枠組での科目提供であり、学則改訂を行い設置したものである。また本科目は大学コンソーシアム大阪[x]が設けている単位互換可能なオープン科目として他大学からも履修が可能となっている。この科目は、二年次前半から一科目ずつ履修し、就職活動前の三年次前半で学習サイクルが終了する。

　本プログラムでは、教室で学ぶ実践ビジネス日本語として、「会議」「面接」といった場面・状況を軸とするのではなく、コミュニケーションにおける能力項目別のシラバス構成を採用している。図6 に示すような、企業人のやり取りの文化性や特性を理解し、情報の意味・意図を読み取るト

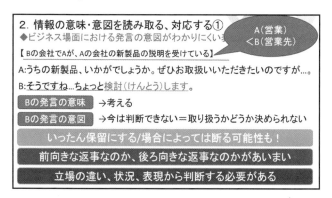

図6　実践ビジネス日本語Ⅰの授業（関西大学）[xi]

レーニングを、事例を提示しながら行う。固定した表現を学ぶといった語彙・表現力の涵養も行うが、それ以上に、コミュニケーションの深い意図を観察・分析しそのスキルを応用して複数場面において実装できるようにすることが狙いである。このような「メタ知識（体系的問題の知識や領域に依存せず、様々な活動領域に応用可能な知識）」は、その骨組みを学習者とともに考察し、理解を促進する必要がある。この作業には、教室下の座学の形式が適している。教師は、上記のようなやりとりを取り上げ、学習者とともに分析して理解する作業を行っていく。この作業を繰り返すことで、洞察力・観察力が培われ、現場での多様なコミュニケーションの場でも応用できるスキルが養われるようになる。

5.2　実技・実践事例1「業界理解セミナー」

　実践ビジネス日本語と並行してSUCCESS-Osakaが行っているのは、「業界理解セミナー」と呼ぶ、各企業からゲストスピーカーとして担当者をお呼びし、留学生に企業紹介・ディスカッションといった活動をしてもらう取組である。図7にセミナーの様子を示す。企業の説明の際には、日本語教育養成のトレーニングを受けた大学院生をTA（Teaching Assistant）として配当する。留学生の理解を下支えするために、専門的な語彙、日本

図7　業界理解セミナーの様子（関西大学）

語レベルを考慮した上で取り上げるべき表現などを TA が聞き取り、説明の流れを止めることなく、同時に板書する。学生には、業界説明の中で聞き取るべき項目をあらかじめ取り上げてあるハンドアウトが配布される。後半では、企業側が提供するディスカッショントピックについて小グループで話し合い、その結果を全員と共有する。このような一連の活動を90 分程度の中でせわしく進めていくという活動である。

　このセミナーでは、企業側の説明に使用される日本語はあえて編集などを加えず、社会人の現場の（生の）日本語に接してもらう場として臨むよう、学習者にはオリエンテーションを通して伝えている。とはいいながら、プレゼンテーションに使用するパワーポイント資料は、事前に教員が確認し、それに合わせて、聞き取り促進のハンドアウトの作成、およびディスカッショントピックについても企業側の希望する提案を生かしながら、どう留学生に投げかけるか、あらかじめうち合わせを行っていざ「本番」にのぞむ。このように、実践のコミュニケーションの場における臨場感はそのまま残しながらも、留学生の学習プロセスの足場作りを間接的に行う設計の教育実践は、座学では学べない成果が期待できる。SUCCESSフェローはプログラム終了までにこういった場を多く体験することになる。業界理解セミナーのほかにも、もう少しコミュニケーションの話題として日常生活や社会人生活、日本と母国の文化の異なりといったものを扱う「SUCCESS-Café」など、毎月定例で開催された。座学形式や教師から

は学ぶことができない現場の雰囲気、企業人の日本語コミュニケーションを体感する上で、こういった実践型活動は非常に有効である。

5.3　実技・実践事例 2「企業人と行う課題解決型プロジェクト」

　座学を離れ、より実技形式でコミュニケーションスキルを鍛える教育の取組も、SUCCESS-Osaka が得意とするところである。この取組では、企業複数社から参加者を募り、留学生側も一定の能力と意欲を示した学生が選抜される。その企業人と留学生が「チーム」を形成し、社会問題を解決するビジネスプランなどを共創する「課題解決型プロジェクト」である。SUCCESS-Osaka は、昨年度より日本万国博覧会誘致委員会（2019 年 3 月まで）、一般社団法人 2025 年日本国際博覧会協会（2019 年 1 月末に発足）や、関西経済連合会などの経済団体、南海グループなどの民間企業とも連携しながら、「SUCCESS-Osaka Future Design Project」として、2021 年までの 3 年間において、企業約 20 社、選抜された留学生約 75 名が参加する活動を進めてきた。このプロジェクトでは、約半年間という比較的長い期間、企業人と留学生が「チーム」として交流し、最終的には、ある社会問題の解決策として、ビジネスソリューションプランを企画する。この何度も行うミーティングの中で、留学生の日本語コミュニケーション能力、思考力、分析力、発信力、社交性、そして課題探求能力といった、先述したようなキャリア教育の第一層の学習目標である汎用的かつ高次な能力は徐々に研ぎ澄まされていく。

　日本語教育の視点から、このチームで集いプランを練っていく様子を検証すると、企業人が複数入り、彼らの間で交わされるコミュニケーションに、留学生が「正統的周辺参加」をする者として立ち会う設計（**図 8** 参照）が自然と生まれることがわかる（Lave & Wenger 1991）[xii]。この中で、言葉使いや、意見の食い違いが生じた際の交渉の手続きなど、複雑な日本語でのコミュニケーションが目の前で展開される。留学生は、チームを構成する正規のメンバーとしてこれらを周辺的参加者として受け止めながらも、自分自身の言語運用能力を現場で研ぎ澄ましていく。やがて、周

図8　周辺的参加で学ぶビジネスコミュニケーションの様子
（左が外国人留学生）[xiii]

辺的な参加をしていたところから、自らも意見を出し、会話を推し進める
ようなリードを取るスキルも涵養することができる。

　したがって、この実践についても、この状況的学習（situated learning）
によって留学生が修得するべき日本語（言語運用）能力の教育の場とし
て、この活動は十二分に機能していると言える。このような学習の機会
は、その場を構成する「コミュニティ・メンバー」が、現実的な役割を
持った企業人等であり、彼らがそれぞれその場で貢献して初めて実現す
る。この場自体を設定するというコーディネート役の人間がこの作業を教
育担当者である日本語教師としての役割の域をはるかに超えた動きが期待
されるため、1科目、1教員の努力だけで現実化するものではない。こう
いったキャリア支援のための日本語教育の「最終ステージの実現」は、例
えば産学連携で取り組むべき課題である。SUCCESS-Osaka 事業でも、
この多分野間、異なるフィールド間のコンソーシアムが背景にあること
で、こういった教育設計が可能となっている。大きなスケールの提案かも
しれないが、この次元の連携が、目下もっとも必要とされているのであ
る。

6.　おわりに

　外国人留学生が、教育機関を巣立ち、「一企業人」となるその時をシミュレーションすると、「キャリア支援のための日本語教育」がなすべきことが見えてくる。日々の企業人としての生活の中で実践的に必要となる「総合的な日本語運用能力（コミュニケーションスキル）」の養成は、座学だけで修得できるものではない。実践的な現場提供をできるだけ学びの早い段階から提供すべきだろう。一方で、単に機会をあたえるだけで外国人留学生の能力が自律的に伸びるわけではない。教育工学の理論や第二言語習得のモデルに裏打ちされた、学びのステップの設計と必要な足場作りの構築などの手を加えた実技・実践の環境を意識した教育が必要である。

　今後、外国人材をさらに必要とする国内の産業界のニーズに対応し、様々な「ポスト留学生30万人」の取組が提案されてくるだろう。この過程で、キャリア支援・就職のための日本語教育は今よりもさらに必要不可欠な役割を果たすことになる。例えば、ファウンデーションプログラム（日本語準備教育）という新しい提案も、国の施策の中にあげられている。海外の日本語学校や大学と連携し、日本でキャリアを考える学生の留学（一部は「進学」）、そしてその後の（国内）就職を見据えた教育を来日前と後で連係したうえで、優秀な人材層を獲得するというものである。こういったキャリア支援の側面を意識した日本語教育も、やはり産学連携や産官学、そして時には自治体なども絡めた取組でないと実現は不可能だろう。本テーマの議論、そして取組の展開はさらに広がりを見せるだろう。今後も、微力ながらもしっかりと昨今の流れをフォローし、そして机上の空論に終わらせず、「実装」に落とし込んでいきたいと考えている。

注
i　　平成30年度外国人留学生在籍状況調査結果（日本学生支援機構）
ii　　文部科学省 HP 文部科学省将来構想部会（第9期～）（第19回）議事録
　　　http://www.mext.go.jp/b_menu/shingi/chukyo/chukyo4/042/gijiroku/1408268.htm

（最終アクセス 09-16-2022）

iii　首相官邸 HP　https://www.kantei.go.jp/jp/singi/gaikokujinzai/kaigi/pdf/jujitsu_gaiyou.pdf（最終アクセス 09-16-2022）

iv　アジア人財資金構想事業アジアの相互理解と経済連携の促進に向け、経済産業省と文部科学省の連携で、平成 19 年から平成 25 年 3 月まで実施された。日系企業に就職意志のある来日する留学生が対象で、産学連携のコンソーシアムにおいて、産学連携専門教育プログラム、ビジネス日本語教育などの教育プログラムを実施するという、2017 年開始の留学生就職促進プログラムを先取りした事業である。

v　株式会社 one visa 白書（2018）　https://journal.onevisa.jp/download（最終アクセス 03-26-2022）

vi　高度外国人材とは、就労を目的とする在留資格に該当する外国人のうち、高度な資質・能力を有すると求められる者と定義されている。一般的には、「高等教育機関（大学・大学院）で学位を取得し、正規雇用者として働く外国人材」という意味合いで用いられることが多い。厳密には、総務省が高度専門人材のポイント制を推進しており、「高度学術研究活動」「高度専門・技術活動」「高度経営・管理活動」の 3 つに分類し、それぞれの特性に応じて「学歴」「職歴」「年収」などの項目ごとにポイントを設け、ポイントの合計が 70 点以上に達する者がそれに該当するとされている。

vii　ミドルスキル層とは、高卒以上大卒未満で一定の訓練を受けた労働者層を指す。

viii　文部科学省ホームページ「キャリア教育・職業教育の意義と、これを通じて育むべき能力等について」https://warp.ndl.go.jp/info:ndljp/pid/9514442/www.mext.go.jp/b_menu/shingi/chukyo/chukyo10/shiryo/attach/1280902.htm（最終アクセス 10-24-2022）

ix　SUCCESS-Osaka ホームページより抜粋 https://www.kansai-u.ac.jp/Kokusai/SUCCESS-Osaka/students/（最終アクセス 10-24-2022）

x　大学コンソーシアム大阪は、現在大阪府下の 39 大学を母体に様々な活動を行っている特定非営利活動法人で、定期的な活動の 1 つとして締結大学の学生が、他大学の科目を履修した場合、その学生の卒業単位として認定可能な仕組みの制度を設けている。https://www.consortium-osaka.gr.jp/（最終アクセス 10-24-2022）

xi　関西大学におけるビジネス日本語担当教師の許可を得て掲載。本科目における教材の使用権限は関西大学に帰属する。

xii　正統的周辺参加論は、学習を個人の頭の中での知的能力や情報処理過程にすべて帰着させることなく、外界や他者、コミュニティとの継続的な相互交渉そのものだと捉える。本章でも、実践型日本語教育の形は、まさにこの理論による学びを主眼としている。

xiii　SUCCESS-Osaka Future Design I（2018）の活動の一場面（左側が留学生、右側 2 名が企業人）

参考文献

奥田純子（2015）「留学生への就職支援としての日本語教育」ウェブマガジン『留学交流』（JASSO）https://www.jasso.go.jp/ryugaku/related/kouryu/2015/__icsFiles/afieldfile/2021/02/18/201512okudajunko_1.pdf（最終アクセス 09-15-2022）

Lave, J., & Wenger, E.（1991）*Situated Learning Legitimate Peripheral Participation.* Cambridge:Cambridge University Press.

第2章 人材育成志向のビジネス日本語教育

古川智樹

1. はじめに

　本章では、ビジネス日本語教育の転換期において行った「人材育成志向のビジネス日本語教育」の実践について報告する。

　「ビジネス日本語」は、日本経済の発展、グローバル化に伴い外国人社員を雇用する企業が増加したことにより、その教育の必要性が叫ばれ、今日まで発展してきた。現在では、「日本再興戦略2016―第4次産業革命に向けて―（2016年6月閣議決定）」「成長戦略フォローアップ（2021年6月閣議決定）」教育未来創造会議（第1次提言）の中の「グローバル人材の育成・活躍推進」等、日本の成長戦略として「外国人材の活用」の中に「ビジネス日本語」が組み込まれており、その重要性はますます高まっている。しかしながら、ビジネス日本語に関する体系的な教育実践はまだ少なく、その教育内容・方法は、現場の教師に委ねられているのが現状である（鹿目他2021）。そこで、本章ではビジネス日本語教育を取り巻く現状についてまとめ、SUCCESS-Osaka事業にて行った「人材育成志向のビジネス日本語教育」の実践について報告する。

2. ビジネス日本語を取り巻く現状
2.1 ビジネス日本語の定義

　日本語学習者を対象とする日本語教育の分野では、その定義は明確には定まっていない、あるいは人によって解釈が異なるというのが現状である。職場で使う日本語といっても、例えば、いわゆるホワイトカラー系職業や介護・看護、工場・研究所等の技能系職業など、業種、職種によって使う語彙・表現などの言語範囲は異なる。

　粟飯原（2015）は目的別日本語（Japanese for Specific Purpose：以下

JSP）という観点を用いて定義を試み、JSP を「生活日本語」「学術のための日本語」「職業のための日本語」の3つに大別し、「職業のための日本語」の下位分類として「観光日本語」「介護・看護日本語」「IT 日本語」等の「特定の職業のための日本語」に細分化している。そして、「特定の職業のための日本語」として下位分類を形成するに至らないどの職種でも有用な日本語を便宜上「ビジネス日本語」と呼ぶとしている。また、堀井（2018）は、ビジネス日本語に関する研究者間でのこれまでの定義に関する議論を踏まえ、ビジネス日本語を「企業での業務活動／いわゆるビジネスを始め、さまざまな仕事の現場で必要とされる日本語」と広く捉え、具体的に何を指し、どの範囲とするかは、「ビジネス日本語」について言及する各々の著者が定義づけをする必要があると述べている。

　本章では、「ビジネス日本語」を「企業での業務活動で必要とされる日本語」と広義に定義し用いることとする。

2.2　ビジネス日本語教育の変遷と現状

　ビジネス日本語教育に関しては、1970 年から 1990 年代半ばまでは、日本の商習慣・マナー・企業文化に加え、ビジネスシーンに特化した会話表現・機能、会話の展開を中心に、それらに付随する語彙や文型を学ぶものが主であった。また、教育の主な対象はすでに就労している外国人労働者であり、日本人社員との円滑かつ自然なコミュニケーションができるようになることを目的とした言語研修であった。そしてほどなく、言語教育のみではビジネスシーンにおけるコミュニケーション上の課題（例えば、異文化によるコミュニケーション上の摩擦や文化差による理解の齟齬等）は解決しなかったことから、異文化コミュニケーション、日本企業文化理解に目が向けられ、それらを取り入れた教育がなされるようになった。

　その後、技能実習制度の開始（1993 年）や経済連携協定による外国人看護師・介護福祉士の受入れ開始（2008 年）により、職業・職種に特化した専門的な日本語教育が行われるようになった。また、日本の少子・高齢化による労働人口不足の解決に寄与するという側面も持つ「アジア人財

資金構想（2007）」、「留学生 30 万人計画（2008）」が相次いで発表されて
以降は、高等教育機関において留学生を対象とする、就職、就業を目的と
したビジネス日本語教育が始まった。先に述べたように、ビジネス日本語
の定義に関する議論（堀井 2008、春原 2008 等）が高まったのもこの時期
である。そして、その後日本人学生と同様、高等教育機関在籍時に就職活
動を行い、内定を得て日本で就職する留学生は増加していくが、それに伴
い、社会人として生きていくための包括的な能力、すなわち、職務遂行の
上で必要とされる課題発見・解決能力、発信力、状況把握力等、いわゆる
「21 世紀型スキル[i]」「社会人基礎力[ii]」育成の必要性が高まった[iii]。

　現在、ビジネス日本語教育は、**図 1** が示すように、従来のビジネス日本
語語彙やビジネスシーンの特定の場面における表現や技能など、言語形式
面にのみ焦点を置いた教育から枠を広げ、「課題発見解決能力、異文化調
整能力等を養成しながら、社会とのつながりを持つ人材育成、個人の人生
にコミットする人間形成をも担う（奥田 2018）」教育へと変容してきてい
る。しかしながら、鹿目他（2021）が「現行の『ビジネス日本語』の授
業においてはその担当者に方針が委ねられ、その結果、ビジネスマナーや
ビジネス場面における日本語の運用力に主眼がおかれる傾向にある」と述

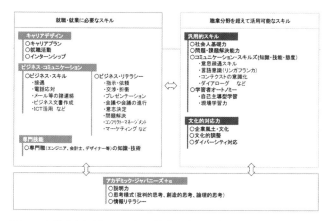

図 1　多様なビジネス日本語教育の領域（奥田 2018 より抜粋）

べているように、ビジネス日本語教育の担い手がその変容に追いついていないことが現状の課題である。

　そこで本章では、このようなビジネス日本語教育の転換期において行った「人材育成志向のビジネス日本語教育」の実践を報告する。具体的には、留学生のキャリア形成支援のための教育プログラム「SUCCESS-Osaka 事業」の中で行ったビジネス日本語教育実践の報告を行う。

3.　SUCCESS-Osaka で行うビジネス日本語教育

　SUCCESS-Osaka 事業では、ビジネス日本語教育、キャリア教育、インターンシップ等をはじめとする企業との交流・接触機会の提供という3つの柱を中心に、高い異文化受容および対応能力とコミュニケーション能力を備え、さらに企業の中でリーダーシップをとるような人材となる上で必要な、知見・スキルとポテンシャルを備え持つ「人財」の育成に努めている。その中で「ビジネス日本語教育」は全ての基礎となり、後のキャリア教育、インターンシップへと繋げるための重要な役割を担っている。具体的な教育内容に関しては、①ビジネスシーンで用いられる語彙・表現、②日本企業文化・異文化コミュニケーション、③ビジネスシーンで通用するコミュニケーション・コンピテンシーの3つに分けられる。本節では、ビジネス日本語教育の実践概要と教育内容の詳細について述べる。

3.1　ビジネス日本語教育実践概要

　本実践は、「ビジネス日本語セミナー」として、2018 年 1 月から 2021 年 12 月までの間、半期に 3 回、計 24 回行われた。本実践の対象者は日本企業への就職を考えている、あるいは希望している外国人留学生（日本語能力試験 N2 以上の日本語能力保持者）で、のべ参加人数は 555 名、2018 年から 2019 年は対面式、2020 年から 2021 年は同期型オンライン形式で行った。

　時間配分は 1 回につき 2 時間で、前半の 1 時間でビジネス日本語の練習

ビジネス日本語 スキル	異文化理解 スキル	コミュニケーション スキル
ビジネス文書の基本型 ビジネスメールの基本 敬語 / 慣用句 / 待遇表現 資料・データの読取り 議論・意見交換スキル 商談・交渉	ウチとソトの関係 高 / 低コンテクスト文化 摺り合わせ / モジュール型 ミーティングスタイル 個人主義 / 集団主義 日本企業文化・商習慣	自己表現スキル 低文脈化スキル 再構成スキル スキャニング・スキミング アサーティブスキル 信頼構築(自己開示)スキル

表1　本ビジネス日本語教育実践で扱った学習項目（例）

問題（3.2 節で後述）を行い、後半の1時間ではビジネス・コミュニケーションに関する練習（3.3、3.4 節で後述）及びディスカッションを行った。本実践で扱った主な学習項目の例は以上の**表1**に示すとおりである。

　また、毎回のセミナー終了後に、約1時間程度日本企業に勤める日本人社員との交流の機会（SUCCESS-Café）を設け、学習した内容の実践を行い、その後、カリキュラム改善のために参加者にアンケート調査を行った。

3.2　ビジネスシーンで用いられる語彙・表現

　ビジネスシーンで用いられる語彙・表現に関しては、以下の**図2**のようなビジネス会話、ビジネス文書などを基に、それらに頻出する語彙や会話表現を学んでいく。語彙は言語コミュニケーションにおける基礎であり、Webb（2007）他、多くの語彙習得研究において、同じ語彙に繰り返し触れる（処理する回数が多い）ほど、語彙の習得が促進されることが明らかになっている。そのため、様々なビジネスシーンの会話、契約書等のビジネス社内・社外文書、さらにはビジネスシーンで多用されているカタカナ語や敬語、慣用句等も取り上げ、練習問題として出し、場面理解とともに、語彙の習得を促す教育を行っている。

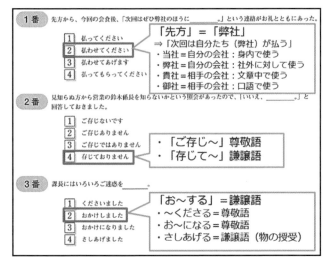

図2　ビジネス日本語教育教材例①
図中問題は加藤（2009）『ビジネス日本語能力テスト体験テストと解説』から抜粋

3.3　日本企業文化・異文化コミュニケーション

　日本企業で働く外国人社員は様々な文化の違いに起因する課題に直面する。パーソル総合研究所（2020）は、日本で働く外国人材の就業実態・意識調査を行った結果、異文化に関係する外国人社員が抱く不満要素として「無駄な会議が多い」、「組織、上司の意思決定のプロセスがわかりにくい」、「暗黙の了解が理解できない」などを挙げている。これらの多くは、外国人社員の日本企業文化に対する理解不足と、外国人社員とコミュニケーションをとる日本人社員の自文化中心主義的な対応が主な要因であると思われるが、本実践では、そのような場面においても適切に対応できる「異文化適応能力」を養成するための実践練習を行っている。例えば、**図3**のように、ローコンテクスト文化を持つ外国人社員にとって、まず外国語である日本語で内容を理解しなければならない上に、ハイコンテクスト文化特有の言語化されていない意図を汲み、正確な対応をすることは非常に難しい要求である。このような外国人社員にとって難しいと想定される場面を状況とともに提示し、異文化コミュニケーションに関する知識だけ

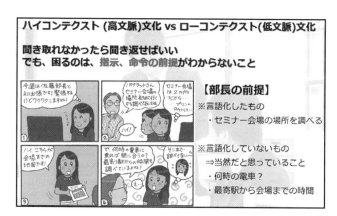

図3　ビジネス日本語教育教材例②
図中漫画は日本漢字能力検定協会（2017）『マンガで体験！にっぽんのカイシャ』から抜粋

でなく、なぜコミュニケーション摩擦が起こるのか、どのように対処すれば問題が解決するのか（例えば**図3**の漫画のシーンであればどのようにすればローコンテクスト化できるのか等）を考え、ロールプレイなどで疑似体験練習を行っている。

3.4　ビジネスシーンで通用するコミュニケーション・コンピテンシー

　「コンピテンシー」は「行動特性」とも訳されるが、本実践では、コミュニケーションの基盤となる語彙・表現を学習し、異文化コミュニケーション・日本企業文化を理解した上で、外国人材としての強みをより発揮できるよう、どのように思考し、行動することが求められるかといった、ビジネスシーンで通用するコミュニケーション・コンピテンシーを強化する教育を行っている。

　具体的には、**図4**にあるように、ロジカルシンキングを身につけ、どのように「報告・連絡・相談」をこなすのか、事業提案やプレゼンテーションなどの機会があったときにどのように話を展開し、相手が納得するプレゼンテーションを行うかなどの練習を行っている。その他にも「21世紀型スキル」や「社会人基礎力」で挙げられている項目の中で、コミュニ

図4　ビジネス日本語教育教材例③

ケーションに関係する「働きかけ力」「批判的思考力」「チームワーク力
（発信力／傾聴力／状況把握力）」「課題発見・解決力」等に関するコンピ
テンシーを取り上げ、留学生が汎用的能力はもとより、高度外国人材とし
ての能力を発揮できる能力養成を行っている。

3.5　日本人社員との接触機会の創出：学習内容の内在化

　本実践におけるビジネス日本語教育では、教育と連動させる形で日本企
業に在籍する日本人社員との交流の機会を設けている。

　Bennett（1993）は人が異文化の中で文化的な違いをどう認識し、どの
ように発達していくのかを6段階に分けた「異文化感受性発達モデル」を
提唱しているが、本実践では異文化を意識しない／気づかない「否定」の
段階から価値観の相違を受け入れる「受容」あるいは、価値観の相違を理
解し、実践できる「適応」段階に到達することを目標としている（図5）。
学習した内容を外国人留学生自身の経験として内在化させるためには、実
際に日本人社員とコミュニケーションをとる方法が最も効果的であると考
え、ビジネス日本語セミナー直後にその機会を設定している。

自文化中心的段階　　　　　　文化相対的段階

| 違いの 否定 | 違いからの 防衛 | 違いの 最小化 | 違いの 受容 | 違いへの 適応 | 違いとの 統合 |

図 5　異文化感受性発達モデル（Bennett（1993）をもとに筆者作成）

4. ビジネス日本語教育の成果

　ビジネス日本語教育セミナー後、アンケート調査を行った。アンケート回収率は 66% で、367 件の回答を得た。アンケート結果を見ると、本セミナーの取組に対する評価は、肯定的評価が約 98% と多数を占めており（**図 6**）、外国人留学生にとって有意義なセミナーであったことがわかる。また、記述項目（**表 2**）では「語彙や表現など誤って覚えていたり、重要なポイントを見落としていたりすることに気づくなど、非常に得るものが多いセミナーだった」「実際に BJT（ビジネス日本語能力テスト）の問題を体験し、ポイントも詳しく説明してもらって良かったと感じた」等、多くの肯定的コメントが見られた。その他にも「事例から、ビジネス場面で

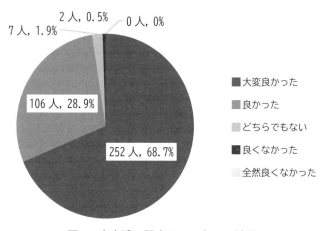

2 人, 0.5%　　0 人, 0%
7 人, 1.9%
106 人, 28.9%
252 人, 68.7%

- ■ 大変良かった
- ■ 良かった
- ■ どちらでもない
- ■ 良くなかった
- ■ 全然良くなかった

図 6　本実践に関するアンケート結果

> ・新しい言葉を増やすことができた。また、日本語でのビジネ
> 　スマナーも勉強できた（どのような答えがいいか、相手のこ
> 　とを考える表現、敬語など）。
> ・異文化の場面でどのように対応すべきかわかりました。留学
> 　生として、異文化適応力・異文化対応力を持つことが必要です。
> ・ビジネス日本語に関する知識だけでなく、将来日本の職場で
> 　実用できそうなコミュニケーションの方法が勉強できました。
> 　例えば、アサーティブなコミュニケーションを知り、それが
> 　対人関係において果たす役割をいろいろな事例から考えたり、
> 　勉強したりできました。
> ・「わかりやすいロジカルな説明の仕方」について教えていただ
> 　き、今後の就活や職場で活用していきたいと考えております。

表2　本実践のアンケート結果（記述項目一部抜粋）※原文ママ

異文化によって生じるトラブルもあることがわかった」等、本実践で狙い
とする異文化理解・異文化適応能力の養成に関わるコメントや、「低文脈
化スキルなどの確認の方法や、論理的な説明の仕方など社会に出る前にこ
れらを勉強できてよかった」等、社会人基礎力や21世紀型スキルに関係
する内容についても意識して学習していることがわかり、本実践の短期的
効果として、学習者のビジネス日本語学習に関する意識付け、動機付けに
寄与していることがわかった。

5.　おわりに

　本章では、ビジネス日本語教育に関する現状についてまとめ、SUCCESS-
Osaka 事業にて行った「人材育成志向のビジネス日本語教育」の実践につ
いて報告した。
　前述の通り、「ビジネス日本語教育」は日本の成長戦略の「外国人材の
活躍推進」の中に位置づけられている重要な取組であり、特に 2010 年代
以降、言語教育から人材育成へと範囲を広げ、大きな転換期を迎えてい
る。具体的には、従来のビジネスシーンにおける語彙や表現などの言語形
式面にのみ焦点を置いた教育から「社会人基礎力」等の養成も含めた人間

形成をも視野に入れた教育に発展している。本実践においてもその視座に立ち、キャリア教育、インターンシップと連携したビジネス日本語教育を展開し、総合的な外国人留学生の人材育成を行ってきた。しかしながら、外国人留学生が日本企業に就職し、高度外国人材として日本社会で活躍する上で、本実践がどこまで貢献できているのか、長期的な教育効果の検証は不可欠であり、そのための外国人材のビジネス日本語能力及び教育効果の評価基準の作成が今後の課題として挙げられる。

　最後に、ビジネス日本語教育と企業連携について述べたい。日本企業が外国人材を雇用する際、ディスコ（2022）によると、外国人留学生を採用する理由として実に 7 割を超える企業が「優秀な人材を確保するため」と回答しているが、その求める資質として「日本語能力」、「コミュニケーション能力」の他、「協調性」や「社交性」等、外国人留学生の特性や専門性とは関係のない内容を挙げている。日本で仕事をする上でこういったニーズが挙がることは当然であり、ビジネス日本語教育もそのニーズに対応する形で発展してきているが、その教育の目的は決して「日本人化」や Berry（1997）のいう「同化[iv]」ではない。ダイバーシティ、エクイティ＆インクルージョンの重要性が叫ばれている昨今、「同化」ではなく互いの歩み寄りによって生まれる自文化と他文化をともに尊重する「統合」が目指されるべきであると考える。このことは、受入れを行う日本企業、日本人社員も同時に共有・認識すべきことであり、そういった観点からもビジネス日本語教育及び日本企業・日本人社員に対する外国人材理解の促進、多様性社会の実現に向けた取組を様々な連携の中で行っていきたい。

注

i　21 世紀型能力とは、ATC21s という国際団体が提唱する、今後のグローバル社会で求められる必要な能力で、「思考方法」、「仕事方法」。「仕事ためのツール」、「社会生活方法」の 4 つのカテゴリーで構成されており、その中で批判的思考力、問題解決能力、情報リテラシーなどが具体的に挙げられている。詳しくは以下を参照。http://www. atc21s.org/（最終アクセス 03-15-2022）

ii　社会人基礎力とは「職場や地域社会で多様な人々と仕事をしていくために必要な基礎的な力（経済産業省 2016）」で、「前に踏み出す力」、「考え抜く力」、「チームで働く力」の 3 つの能力、12 の能力要素で構成されている。詳しくは以下を参照。

https://www.meti.go.jp/policy/kisoryoku/index.html（最終アクセス 03-15-2022）
iii 「外国人留学生に求める資質」については株式会社ディスコ（2022）を参照。
iv Berry（1997）は、人が異文化に接触した際に起こる文化変容を「同化／統合／分離
／周辺化」の４つに類型化して整理している。具体的には、「同化」は自文化アイデン
ティティを維持せず、ホスト文化に対して好意的な態度を取り、「統合」は自文化のア
イデンティティを維持、かつホスト文化に対しても好意的な態度を取る。そして、「分
離」は自文化アイデンティティを維持するが、ホスト文化に対しては否定的な態度を
持ち、「周辺化」は自文化アイデンティティを維持せず、かつホスト文化に対しても否
定的な態度を持つとしている。

参考文献

粟飯原志宣（2015）「第6章 再考：ビジネス日本語の定義と領域―ビジネス日本語担当者の
不安と疑問の解決を求めて―」前田直子編『ビジネス日本語教育の展開と課題』pp.
105-123. ココ出版.
奥田純子（2018）「ビジネス日本語教育・研究のこれまでとこれから」『ベネチア2018年日
本語教育国際研究大会』URL: https://eaje.eu/pdfdownload/pdfdownload.php?index=87-
103&filename=kyoiku- kigyookuda.pdf&p=icjle2018
（最終アクセス 03-15-2022）
加藤清方（2009）『ビジネス日本語能力テスト体験テストと解説』日本漢字能力検定協会.
株式会社ディスコ（2022）「外国人留学生／高度外国人材の採用に関する調査（2021年12
月調査）」https://www.disc.co.jp/wp/wp-content/uploads/2022/01/2021kigyou-global-
report.pdf（最終アクセス 03-15-2022）
株式会社パーソル総合研究所（2020）「日本で働く外国人材の就業実態・意識調査」https://
rc.persol-group.co.jp/thinktank/assets/surveyofForeigners_3.pdf（最終アクセス
03-15-2022）
鹿目葉子, 榎原実香, 大橋真由美（2021）「新時代に向けたビジネス日本語教科書の提案―大
学における社会人基礎力の育成を目指して―」『BJ ジャーナル』4, pp. 2-15.
日本漢字能力検定協会（2017）『マンガで体験！にっぽんのカイシャ』日本漢字能力検定協
会.
春原憲一郎（2008）「仕事現場／ワークプレイスと多言語コミュニケーション環境の設計」
『AJALT』31, pp. 16-18. 国際日本語普及協会.
堀井惠子（2008）「留学生の就職支援のためのビジネス日本語教育に求められるものは何か」
『武蔵野大学文学部紀要』9, pp. 140-132.
堀井惠子（2018）「『ビジネス日本語教育研究の目指すもの』再考―ビジネス日本語研究会の
歩みとこれから―」『BJ ジャーナル』創刊号, pp. 3-15.
Bennett, M. J. (1993). Towards ethnorelativism: A developmental model of intercultural
sensitivity. In R. M.Paige (ed.), *Education for the intercultural experience*. pp. 21-71.
Yarmouth, ME: Intercultural Press.
Berry, J. W. (1997). Immigration, acculturation, and adaptation. *Applied Psychology*, 46 (1),
5–34.
Webb, S. (2007). The effects of repetition on vocabulary knowledge. Applied Linguistics,
28, 46-65.doi:10.1093/applin/aml048.

第3章　外国人材の受入れを通した国内企業の人材の「内なるグローバル化」

池田佳子・ベネットアレキサンダー

1.　はじめに

　政財界が作成する報告書や提言書に、日本国内企業の人材登用のグローバル化が謳われることが増えた。「人材雇用のグローバル化」は、日本企業が、海外の現地法人での採用ではなく、日本国内において、高度な能力を有した外国人（高度外国人材[i]）を活用できるようにすることを意味する。「内なる国際化」への取組は、多様な人材を採用し育てるというダイバーシティ経営の観点からも大切である。しかし、外国人材の雇用の動きに、総論としては賛成だけれども、各論では課題が多すぎて現状が追いつかないというのが、日本企業の実状となってしまうということも耳にする。

　コロナ禍の影響により日本国内でも外国人労働者、留学生の出入国、外国人採用への大きな影響がでている。人材開発支援のディスコが 2021 年12 月に実施した企業に対する「高度外国人材の採用」についてアンケート調査では 432 社の内、外国人留学生の採用は 22.6％、海外大学卒の人材採用も 16.1％ と、前年度以前から大幅な減少を見せている（**図 1**, **図 2** 参照）。同調査の 2022 年における採用予定についての回答では、「採用予定あり」が 38.7％ となっており、留学生層が国内に戻って来ることで従来程度の数値には回復するだろうとも予測できる。

　国内企業における人材のグローバル化の打率は、外国人留学生については約 4 割（2022 年時点）。この「打率」は、コロナ禍の打撃が数字化された 2021 年度を除けば、ここ数年さほど変化がない。コロナ禍期の日本人学生の採用実績は 2022 年 3 月 18 日の文部科学省と厚生労働省の発表によると、大学等卒業予定者の就職内定率は、前年同期比 0.2 ポイント増の89.7％ であった（2022 年 2 月）[ii]。まだ完全なポストコロナ禍期ではない

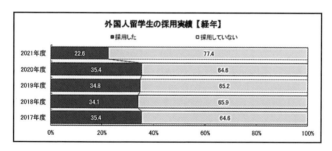

図1　過去5年間の外国人留学生の採用実績（ディスコ社調査2021「外国人留学生／高度外国人材の採用に関する調査」から抜粋）

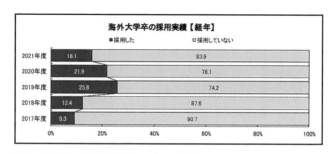

図2　過去5年間の海外大学卒の外国人材採用実績（ディスコ社調査2021「外国人留学生／高度外国人材の採用に関する調査」から抜粋）

中の微増だが、外国人留学生との差は大きい。

　同調査では、「海外大学の学生を採用していきたいが、受け入れる社内体制をどう構築していけば良いのかわからない。＜情報処理・ソフトウェア／中堅＞」「在留資格に合わせた業務しか任せられないため、キャリアプラン等の構築が難しい＜エンターテイメント／大手＞」といった声が記載されている。このような意見からも、グローバル化の「理想」と「現実」の落差が激しいのが日本の状況であることが感じ取れる。本章でこの問題にすぐさま解を提示することは難しい。しかし、現状を単に悲観するだけではなく、観察できる多様な文脈から前進の兆しを捉え、次の一手を考える糧となる示唆を提示することを目的とする。

2.　国内企業の「人材のグローバル化」推進の追い風

　外国人材をはじめとした企業におけるダイバーシティ推進（ダイバーシティ経営）は近年になり、外側の文脈の変化が一気に可視化し、改めて「人材のグローバル化」を加速する上で追い風となる要素が多く生まれている。ここで大きく２つの動きを共有しておきたい。

　１つは、「国際規格」のリニューアルが実施されたことである。2020 年8 月に、アメリカにおける証券取引を監督・監視する連邦政府機関、米国証券取引委員会（SEC）が、上場企業に対して人的資本の情報開示を義務化した。この流れを受けて、アメリカだけではなく日本国内でも、人的資本の情報開示に関するガイドラインが重視され始めた。このガイドラインの一躍を担うのが、「ISO 規格」である。国際標準化機構（ISO）は 2021年 5 月 4 日、組織が多様な人材を活用し、ビジネスを強化するための新たな国際規格 ISO30415「人的資源管理 – 多様性と包括性」を発表した。この規格では、包括的な職場を作り、その機会を生かそうとする組織のための基本的な事項を提供している。この規格は、行動、原則、対策、およびそれらに関連する責任と義務を網羅しており、各職場特有の状況を考慮した大変具体的な指針となっている点が特徴的である。「多様性と包摂（D&I）への継続的な取り組みを示すための前提条件」「D&I に対する説明義務と責任」、「多様性を評価し、包摂的な職場の発展を促進するためのアプローチ」、「D&I の目的、機会とリスク、行動、対応策、結果、その影響の特定」の項目の解説と遂行する上で必要な手法・手引きが記載されており、同規格の巻末には自己評価のチェックリスト（付属書 A）が付いており、各組織はこれを使って ISO 30415 が推奨する D&I への対応をどれほど実施できているか確認することができる。今回発行されたのは「ISO 30415:2021：人的資源管理 – 多様性と包摂（Human resource management — Diversity and inclusion）」で、多様な人材が活躍できる職場を目指す組織のための国際規格として、次の事項に関する手引きや手

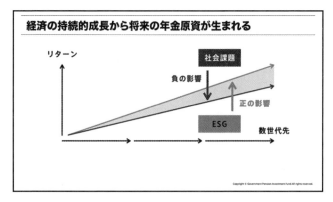

図3　GPIF が ESG 投資を推進する理由
（出典：GPIF「ESG 図解」）

法を提示している。ISO30415 は、「ガイドライン規格」であり、日本国内
における公的な第三者機関の認証制度は現在存在していない。ガイドライ
ン規格は、企業が任意で自発的に取り入れるものなので、適用の義務はな
い。しかし、この ISO 規格への関心は以下にあげるような、企業の非財
務情報に投資する動向の強化傾向もあり、決して低いものではない。日本
国内企業は、「内なる国際化」を推進しなくては生き残ることができない
状況下となっていることを示唆する 1 つの現象だと言える。
　2 点目の要素は、ESG 投資の台頭である。ESG は、環境（Environment）・
社会（Social）・ガバナンス（Governance）の英語の頭文字を合わせた言
葉である。2006 年に国連が機関投資家に対し、ESG を投資プロセスに組
み入れる「責任投資原則」（PRI/Principles for Responsible Investment）
を提唱したことをきっかけに広がった。投資家が企業の株式などに投資す
るとき、これまでは投資先の価値を測る材料として、主に定量的な「財務
情報」が使われてきましたのに対し、「非財務情報」である ESG の要素を
考慮する投資が「ESG 投資」である。日本では、GPIF（年金積立金管理
運用独立行政法人）が、「長期的な投資収益の拡大には、投資先及び市場
全体の持続的成長が必要」との投資原則の考え方に沿って、ESG を考慮

した投資を推進している（GPIF ホームページ、**図3**）。

　ESG 投資の総額は、国内企業にとって無視できるものではない。また、ESG 投資は決して一過性のブームではない。気候変動に始まり、世界の変化が ESG 投資を必須化しているからである。この様な潮流の中で、社会という次元で何をどのように変化・改善し、どう成果につなげているのかを可視化させる必要性が近年急速に高まってきた。**図4** に、GPIF が重大であるととらえている ESG 課題のランキング資料を挙げている。気候変動（E）やコーポレートガバナンス（G）などとタイアップしてダイバーシティ（S）の重要性が示されているのがわかる。

　国内企業の傾向をみると、「S」として女性活躍推進がまず取り上げられる。もちろん非正規の職員・従業員の女性の占める割合は、日本では男性よりもはるかに高いため、より高次なポジションで活躍できる女性の層を増やすことは、重要な「S」の指標である。これに加えてここで理解すべきは、ダイバーシティは性別だけでなく、年齢、人種、性的指向など幅広い多様性のことであり、女性活躍はダイバーシティの1つの構成要素で

図4　ESG 運用受託機関のとらえる重要課題ランキング
（GPIF2020/2021 年スチュワードシップ活動報告より抜粋）

しかない、ということである。また、ダイバーシティも「S」の1つの構成要素であり、多様な指標と共に存在していることも、忘れてはいけない。

3.「多様性人財」という概念の推進― Diversity Jamming 研究会―

　本章は外国人材が国内企業にどう受け入れられるのかといったテーマを扱っているが、筆者らはこの切り口は単なる入口であり、日本の国内企業が本当の意味で「内なる国際化」を実現するには、「多様性人財」、そしてそれが大変付加価値があり、企業にとって財産であるという意味を含め、「多様性人財」という視点が醸成されることが、最終達成地点なのだと考えている。日本社会の傾向として、LGBTQ といった性指向・性自認の問題、男女格差の問題、障害を持つ層の生活や労働の問題、そして外国人移民や雇用問題、といった具合で、それぞれを異なる独立した社会問題として取り扱いがちであるという点が観察できる。また、先述のように、「ダイバーシティ経営」といった概念も、言葉としては定着しており、分野としても確立しているが、実際のところ焦点化されるのは圧倒的に「女性の活躍」「外国人材雇用」、この2点となっている。

　国外のケースと比較すると、この傾向がとても顕著である。例えば、コンサルティング大手デロイトは、上記にあるような項目以外にも、人種、年齢といった側面においても多様性の存在を認知しており、そこに根拠のない差別や区別を見出す企業文化は撲滅されるべきであるというメッセージを出している（**図5**）。

　一方で国内におけるダイバーシティ推進の実情はどうだろうか。経団連が行ったアンケート調査（2020）「社会制度とアンコンシャス・バイアス」という項目において出てきたのは女性と男性の社会的役割に対するバイアスについてであった。見直し・導入が必要な社会制度を問う設問では、配偶者控除制度などの既存の社会制度が「男性は外で働き、女性は家庭で家事育児に専念するべき」との価値観形成に影響しているとのコメントが多

図 5　デロイトの年齢に関するダイバーシティ推奨の一例
（出典：Deloitte Australia（https://www2.deloitte.com/au/en/blog/
diversity-inclusion-blog/2019/age-diversity-training-really-make-
difference.html（最終アクセス 11-14-2022）））

く寄せられたと報告されている（p.19）。年齢や国籍、ジェンダーなどに
関して存在するアンコンシャス・バイアスに着目する民間企業は未だマイ
ノリティな存在のままである。

　D&I 推進は社会的公平性へ貢献するものだという思い込みもまだ根強
いと感じている。先述の経団連の調査でも、回答 273 社の内、ポストコロ
ナ時代の新しい事業環境に対応するうえで、D&I 推進が「重要」とする
企業が 96.3% となっているのに対し、経営戦略に活かす上で「経営に成果
が現れるには時間がかかりすぎる」「社員に D&I 推進の重要性を浸透させ
るのが難しい」といった課題を抱えており、約 62% の企業が、何のため
に D&I 推進をするのか、期待する経営効果を明確に意識しているという
結果が出ている。この 40% 弱の差を埋めていくことが、今後の日本社会
の変容の鍵となることだろう。

　この意識変容の担い手の 1 つとして、近年始まった活動をここで 1 つ共
有したい。万国博覧会 EXPO2025 に向けて着実に準備を進める大阪では、
SDGs 達成を目的とする各事業を「共創チャレンジ」として認定し民間企
業をはじめ多様なステークホルダーの連携を促進している。この共創チャ
レンジプロジェクトの活動の 1 つとして「多様性人財活躍社会創出
Diversity Jamming 研究会」が 2022 年 2 月にローンチした[iii]。このプロ
ジェクトは、株式会社電通、読売新聞社（大阪）、りそな銀行（ビジネス

ソリューション部）といった産業界からの協力と、2017 から 2021 年度に文部科学省委託事業として活動した留学生就職促進事業「SUCCESS-Osaka」の中核を担った関西大学、そして 2020 年に設置された一般社団法人 Transcend-Learning が中心となり、大阪府下だけではなく日本各地の大学機関に所属する有識者や、経済産業省、ジェトロ（日本貿易振興機構）といった組織団体も連携したネットワークによって運営される（**図 6**）。

　具体的な活動としては、本章で少し議論を進めた「多様性」「ダイバーシティ＆インクルージョン」の概念の浸透度合いや現状を調査により見極めると同時に、前進的な取組を進める。例えば、国内企業のポストコロナ禍の社会変容が D&I の観点から考察してどのように展開するかをただ観察するのではなく、ミクロ・メゾ・マクロ階層における阻害・促進要因は

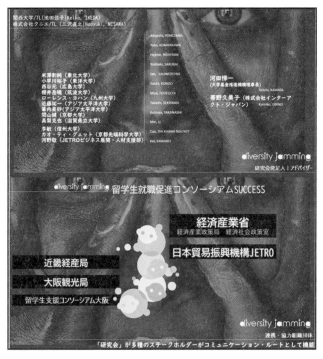

図 6　Diversity Jamming 研究会

どのようなもので、またそれらがどう変化していくかを洗い出していく。また、このような調査・研究の結果をエビデンスとし、国内企業におけるD&I を持続的かつ実質的に促進させる上で必要な支援や活動、能力開発プログラムを開発・提供することも範疇とする。どの取組においても、産業界側からフィードバックを常に受け取り、より現実的・実践的に現社会と寄り添ったプロジェクトとして改善し、さらに推進活動に貢献していく。この活動はまだローンチしたばかりではあるが、ポストコロナ禍フェーズの展開の速度に立ち遅れないよう、ギアを上げて動いていきたいと考えている。

4.　おわりに
―多様性と包摂（D&I）を推進すべきもう1つの大きな理由―

　外国人材雇用をはじめとした D&I を今積極的に推進しなくてはいけない要因には、実は3つ目があると筆者らは考えている。COVID-19 パンデミックが助長した、惨事の連出によって陥ってしまった「排外主義の台頭」とそれに抗う人々のマインドがそれにあたる。コロナ禍初年度 2020年のジョージ・フロイドの事件（白人警察官に首を押さえ付けられたジョージ・フロイドが、「息ができない」と訴え、絶命した）などが記憶に新しい。この衝撃的な映像は、事件が起きたミネソタ州ミネアポリスだけでなく、全米そして世界各地で BLM（ブラック・ライブズ・マター）運動が起こった。新型コロナの感染拡大を防ぐために、多くの都市でロックダウン（都市封鎖）が敷かれていた最中であったため、人々がソーシャルメディアに情報を頼ることになってしまった。家に籠もって陰鬱なニュースばかりを延々と消費し続けた結果、「恐怖管理理論」と呼ばれる状況が生み出される（ラムズデン 2020）。人間は自分の命を脅かす恐怖に直面すると、公正な世界観やナショナリズム、信仰などによって恐怖を緩和しようとする自衛メカニズムが働く。パンデミックの恐怖や、経済危機による先が見通せない不安が、BLM 運動を世界現象へとスケール化したとラムズデンは主張している。

　BLM 以外にも、コロナ禍の中ナショナリズム（国家主義）現象は世界中で展開した。Vogel（2020）は、この展開を「Silent Rise of Nationalism（静かな国家主義の台頭）」と呼んでいる。2020 年初期に、アジア人が世界のいたるところで人種差別に直面したことに始まり、2 月下旬に入ると、イラン人、イタリア人など、他の国籍の人々にも拡大した。人の移動（越境）が厳重に制限され、それが長期化するにつれてナショナリズムや排他的ムードの緩和機会を失ってしまった。そして、パンデミックが「エンデミック」化し、感染症拡大の収束の光が少し見えてきた 2022 年になり、ロシアによるウクライナ侵攻で世界の政治経済情勢がうねり始めた。藤田（2020）は Asahi Shimbun+ に寄せた記事において「理念なきナショナリズム」が各地で排外主義に陥っていると述べているが、「ウクライナはロシアの歴史的領土を切り離す方法でつくった歴史、文化、精神的空間の切り離しがたい一部だ」として、首都キーウまでも侵攻を続けそれを正当化したプーチン大統領（ロシア）についても同様のことが言えるだろうと述べている。この悪循環を断ち切るためには、多様性と包摂の概念と実装の推進が喫緊であり、その取組は国レベルだけではなく産業界や学術界といった多次元のステークホルダーの協働が不可欠となる。世界中で排外主義に抗う動きが徐々に高まる中で、日本社会そして国内企業も貢献する責任がある。多様性を尊重ではなく必然、そして財産として捉えるマインドの醸成が、外国人材雇用を進めることをきっかけに国内企業にさらに育まれることは、目指すべき社会への発展に大きな一躍を担うことだろう。

注

i　本章で扱う「高度人材」は、経済産業省に準じ、「我が国で就労が認められる「専門的・技術的分野」の外国人のうち、各国がその専門的な知識や技術の獲得を競うような、より高度な知識や技術を有する人材」と定義する。

ii　https://www.mhlw.go.jp/stf/houdou/0000184815_00033.html（最終アクセス 09-16-2022）

iii　2022 年 2 月 17 日に実施した SUCCESS-Osaka 事業の「アワードイベント」（本事業で優秀な成績を修めた外国人留学生と支援側である企業を表彰するイベント：於帝国ホテル大阪）において研究会発足を発表した。DJ 研究会の HP は以下の通り：https://sites.google.com/kandaicourse.net/diversity-jamming/home?authuser=0（最

終アクセス 11-29-2022）

参考文献

経済産業省（2016）. 平成 27 年度経済産業省委託調査「平成 27 年度アジア産業基盤強化等事業（「内なる国際化」を進めるための調査研究）」
https://www.meti.go.jp/report/tsuhaku2016/pdf/2016_02-01-02.pdf（最終アクセス 09-15-2022）

国際標準化機構（ISO）ウェブサイト https://www.iso.org/news/ref2665.html（最終アクセス 03-26-2022）

日本経済団体連合会（2020）.「ポストコロナ時代を見据えたダイバーシティ＆インクルージョン推進」に関するアンケート結果　https://www.keidanren.or.jp/policy/2020/102.pdf（最終アクセス 03-26-2022）.

藤田直央（2020）.「新型ウイルスの危機が我々に突きつける、「理念なきナショナリズム」の危うさ。」https://globe.asahi.com/article/13268404（最終アクセス 03-26-2022）

ラムズデンパム（2020）.「コロナ禍なのにではなく、コロナ禍だから Black Lives Matter 運動は広がった」Newsweek（7 月）https://www.newsweekjapan.jp/stories/world/2020/07/black-lives-matter.php（最終アクセス 03-26-2022）

GPIF の ESG 投資の取り組み https://www.gpif.go.jp/esg-stw/esginvestments/（最終アクセス 03-26-2022）

Vogel, P.（2020）. Nationalism: the even greater risk of the COVID-19 crisis? Institute for Management Development Article（2020.03）.
https://www.imd.org/research-knowledge/articles/Nationalism-the-even-greater-risk-of-the-COVID-19-crisis/（最終アクセス 03-26-2022）

コラム①　日本の産業界が求める SDGs 人材

山本英一

1. はじめに

　SDGs（持続可能な開発目標）の取組は、私たちの日常生活はもとより、企業の活動と深く結びついている。モビリティとグローバル化が進む現代にあって、企業の営みは世界規模で影響をもつ。利潤の指標であるリスク・リターンに加えて、今や社会に対するインパクト（社会貢献）への配慮が、投資家にも消費者にも極めて重要な要素となっている[i]。企業はインパクトを考慮せずして、もはやその営みを継続することはできない。インパクトが SDGs への姿勢を通して評価されるからである。SDGs のゴール「貧困をなくそう」が、岸田首相の所信表明演説（「分配なくして次の成長なし」）にも現れたが、さっそく投資家の目が、富の分配に積極的な企業へと向いた。企業は国の政策がもたらす社会的インパクトにも没交渉ではありえない。以下では、リスク・リターン・インパクトによる営みを重視する産業界を踏まえつつ、大学が育成すべき SDGs 人材像について考えたい[ii]。

2. 雇用形態の変化

　日本の雇用形態をめぐっては（メンバーシップ型から）ジョブ型への移行が議論されている。背景には、環境の変化に対応しようという狙いがある。企業の適応力を高めると考えられるジョブ型雇用では、職務内容が予め明確に規定されている。従来のメンバーシップ型雇用が、経歴や勤続年数を重んじる「総合職型」であるのに対して、職務記述書に基づくジョブ型雇用は「専門職型」と言える。ジョブ型では業務の市場価値が賃金に反映され、人材の流動性が高くなり経験者が優先されるため、いま日本式の

職業観は大きな変革を迫られている。

　さてジョブ型雇用だが、鶴（2022）によれば、アメリカ式の人的資源管理（HRM）スタイルとして、「伝統的 HRM 施策群」と「革新的 HRM 施策群」の 2 つがある[iii]。前者は古典的ジョブ型雇用で、仕事の幅が狭く定義され、賃金は成果とは関連せず、人事異動もなく、職務遂行のためのスキルが前提となる雇用であるためオンザジョブトレーニングもない。他方、後者ではインセンティブ給を採用し、チーム参加を義務づけ、そのための人材を選抜・採用し、人事異動を実施し雇用保障も行う。異動や長期雇用を睨んで、スキル向上のためのオンザジョブトレーニングも実施される。

　企業の適応力を高める制度とは言え、「伝統的 HRM 施策群」は、分業を徹底した仕組みゆえ、従業員間の情報共有はなく、景気が悪くなればレイオフの対象となる。従業員は企業の意思決定に従う「コマ」にすぎない。それならば、「革新的 HRM 施策群」の方が好ましそうだが、いずれの施策を採用するかは企業の戦略によるため、革新的 HRM が優勢な場所は限られているようである。また、日本ではメンバーシップ型雇用も根強く残っていて、総合職であれ専門職であれ、組織のいわば「コマ」として働くのか、時々のニーズに合った専門職へと移行できる、より主体性のある人材になるのか、被雇用者も選択を迫られている状況である。

3. 大学における「学び」とは

　さて、こういった人的資源管理の潮流にあって、学生を社会へ送り出す立場にある大学での「学び」もまた、それに無関心ではいられない。価値観の多様化や創造力の重要性が叫ばれる今日にあって、学生に求められる資質を明確にした上で[iv]、従来の「読み・書き・計算能力」に加えて、思考や形式を知的に操作し（抽象化能力）、全体と部分の関係性を見抜き（システム思考）、仮説を立てて検証・評価を行い（実証力）、さらに他と協力しあって知識を構築していく柔軟性（協働力）までも包含する高度な

スキル群が求められる[v]。

　SDGs で語られる諸問題を解くには、まさにこの高度なスキル群を総動員し巧みに駆使する能力、つまり高度の探求力が求められる。大学にあっては、この探究力を養成する学びが必要と言える。少なくとも人文系の学びでは、現象を観察しつつ、理論的整合性（システム思考）の実践、仮説・検証・評価（実証力）のための概念操作（抽象化能力）が必須である。「宣言的知識」と呼ばれる理論・用語・概念を熟知していなければならない。一方、それに基づき、仮説を立て検証・評価する営みは「手続的知識」の実践とされる[vi]。前者は、私たちの記憶にある大量の言語情報であるが、後者はルールや原理の適用や問題解決など、シンボルを使いこなす能力で言語化に馴染まない。たとえば、個別事象を観察し、一般則を見出す推論（帰納法）や、目前の事象から（思いがけない）原因・理由を発見する推論（アブダクション）は[vii]、私たちが頭の中で行なう営みで、マニュアルはない。手続的知識とはその営みを繰り返すことで体得するものなのである。

　従来型の学びで重視されていたのは、宣言的知識の理解と記憶であった。それが役に立たないと考えられるのは、知識を実践に結びつけて、手続的知識を獲得する機会がなかったからである。システム思考や、仮説設定に伴う推論（帰納法・アブダクション）、その検証や評価のための概念操作は、いずれもこの手続的知識の実践に他ならない。

　一方、「人は現実の活動から学ぶ」という考え方がある[viii]。宣言的知識の理解や定着でさえ、実際の課題に取り組むことで実現する。なれば、宣言的知識をベースに、手続的知識を獲得・実践する機会はますます重要になる。アクティブ・ラーニング（AL）や PBL は、まさに宣言的知識の理解・定着を図り、手続的知識の獲得・実践を促進する機会を提供する。理解と記憶がプライベートな営みなのに対して、インタラクションを中心に展開される AL や PBL はパブリックな営みと言える。関西大学が推進する COIL は、PBL を中心とした共修を学びの中核に据えている。プライベートな営みをいったんパブリックな営みと繋ぐことで、学びの過程が

「見える化」すると考えるからである。

　プライベートな学びとパブリックな（「見える化した」）学びの行き来を繰り返すことによって体得した問題解決力こそが重要なのだ。いずれの雇用形態であれ、それは直面する仕事に応用できるし、何よりも自律した学習者として新たな課題への挑戦を可能にするからである。

4. SDGs を意識した企業戦略と高等教育の「学び」の接点

　SDGs には 17 のテーマ・169 ものターゲットが含まれている。他方、各専門領域には学ぶべき膨大な量の専門知識がある。SDGs が喫緊の課題とは言え、それを専門科目の中にどう落とし込めばよいのか？

　Anderson *et al.*（2014）は、意義のある学習目的として「メタ認知的知識」の重要性を指摘する[ix]。これは、学んだ（宣言的・手続的）内容を振り返り、それに構造を与えたり、ヒューリスティックに置換して得られる知識を指す。学びに紐づいた情報・活動を抽象化・構造化した知識である。学問分野には独自の理論・概念・用語（宣言的知識）があり、仮説・検証・評価（手続的知識の実践）を通して、分野に固有の問題を解いていく。その活動を抽象化・構造化して得られる「メタ認知的知識」とは、分野横断的にも適用可能な情報や手順のことである。専門分野が何であれ、このメタ知識を使えば問題解決の道筋が見えてくる。学習者として独り立ちするために必要な知識でもある。

　そうだとすれば、教員は学生に特別な職業準備教育を施さずとも、分野固有の情報と手続きを徹底的に繰り返し、学生が「メタ認知的知識」を獲得するのを見届ければ、教育の目的は達成できる。企業にしても、雇用方法の違いとは関係なく、1 つの職務にしか対応できない人材よりも、必要な情報を理解して、そのときどきの問題解決に応用する術を身につけている、自律的学習者としての人材を優先したいはずである。常に自社のインパクトに鋭敏であることは当然ながら、企業が求め、大学が育てるべき、SDGs の多様な課題を深く理解する人材とは、結局のところ、そのような

分野横断的に適用できる探究力を支える「メタ認知的知識」を体得した学生なのである。

注

i　　シュローダー・インベストメント・マネジメントのサイト
　　　（https://www.schroders.com/）を参照されたい。
ii　　「ソーシャル・ポジショニング」とも言う。菅（2021）を参照。
iii　　「ポストコロナの働き方、本当に新しい？」（鶴光太郎　日経新聞 電子版 2022 年 1 月
　　　12 日）
iv　　経済産業省が定める「社会人基礎力」を参照のこと。
v　　　トープ＆セージ（2017:137-38）を参照のこと。
vi　　Gagne *et al.*（2005:51）.
vii　　推論の詳細は、米盛（2007）を参照のこと。
viii　Glickman（1991:5-6）.
ix　　Anderson *et al.*（2014:55）.

参考文献

菅 順史（2021）.『なぜか「惹かれる企業」の 7 つのポジション』東京：日本経済新聞出版社.
トープ・セージ（2017）.『PBL: 学びの可能性をひらく授業づくり』京都：北大路書房.
米盛裕二（2007）.『アブダクション～仮説と発見の論理』東京：勁草書房.
Anderson, L.W. *et al.*（2014）. *A Taxonomy for Learning, Teaching, and Assessing: A Revision of Bloom's,* Essex, UK: Pearson Education Ltd.
Gagne, R.M, *et al.*（2005）. *Principles of Instructional Design*（*Fifth Edition*）. Boston, MA: Cengage.
Glickman, C.（1991）. Pretending not to know what we know. In *Educational Leadership, 48*（*8*）, pp. 4-10.

第二部

オンライン型国際教育実践を
通した人材育成

第4章　コロナ禍前後の国内 COIL 型教育事情の変遷と比較

池田佳子

1.　はじめに―コロナ禍がもたらした非流動性―

　COVID-19 がもたらしたパンデミックにおいて、各国の感染率やワクチン接種状況などの国の対応状況刻々と変化し、我々は日々これらに翻弄されている。国際教育分野においても、留学生募集や日本を含む海外派遣大学への影響を把握・予測するといった、根幹となる判断基準の情報を確定させることが非常に困難となった。2022 年現時点においても、従前のように気軽に海外へ移動することがままならない状況が続いている。世界的

Country	Total new students			Change
	2018/19	2019/20	2020/21	Change 2019 to 2021
Nigeria	20,399	16,989	38,333	88%
France	23,716	11,228	31,549	33%
India	257,401	192,199	327,963	27%
Germany	13,469	5,363	15,016	12%
China	376,109	193,806	283,795	-25%
United States	31,971	19,770	23,867	-25%
South Korea	52,139	29,932	32,765	-37%
Nepal	19,341	10,061	11,195	-42%
Malaysia	16,091	8,158	8,759	-46%
Japan	32,165	15,919	17,303	-46%
Vietnam	40,018	22,157	19,905	-50%
Brazil	34,261	16,564	16,713	-51%

図1　世界各国の 2019-2021 年における新規留学ビザ発行数の比較
（Michell Institute 調べ 2021）

な流行初期であった 2020 年には、予想される経済的な影響も鑑みると、学生の流動性が最低でも 5 年間は低下することを覚悟すべきだと警鐘を鳴らす者もいた。

　図 1 は、Victoria University（オーストラリア）の Michell Institute の調査結果の一部から抜粋をしたものである。「留学生獲得大国」と言われる国・地域の、新しい留学ビザ発行数の変遷を、2019 年から 2021 年にかけて比較したものである。日本もこの中に示されているが、－46％ という大幅減が現時点の状態である。水際対策がようやく緩和されつつあるが、コロナ禍前のような短期訪問型のビザなしモビリティプログラムの実施はいまだ非常に困難であるため、全回復を見込めるのは、まさにパンデミック初期から 5 年後の 2024 年ごろになるのではないだろうか。

2.　コロナ禍期のオンライン教育の展開

　ユネスコが発表した情報によると、対面型の教育が途絶えてしまったコロナ禍においては、2020 年 3 月 23 日で世界中で約 13 億人の学習者が学校や大学に通うことができない状況が起きていた。このユネスコの数字は、就学前教育、初等教育、中等教育、高等教育、そして高等教育の各レベルに在籍する学習者を対象としている。世界の学習者の 80％ にあたる数が、国を挙げての閉鎖により教育機関から締め出されてしまった。ここから脱する上で、急ピッチで台頭したのがオンラインによる教育の提供である。Coursera[i] の事例をとってみよう。2016 年、Coursera のオンラインコースには 2,100 万人の学生が登録し、その後 2 年間は毎年約 700 万人ずつ増加していた。しかし、パンデミックに伴うリモートワークへの切り替えが引き金となり、新規登録者数は 3 倍に増え、2020 年には 7,100 万人、2021 年には 9,200 万人となったとされている（2021 Coursera Impact Report、図 2）。

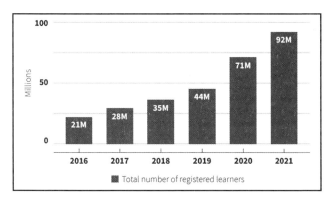

図 2　Coursera の履修者数の変遷（2016-2021）
回答者のほぼ 4 分の 3（72%）が、今後自国の高等教育は少なくとも対面式と
同等以上にオンラインで行われると回答したという調査報告もある。

3.　オンライン型国際教育の台頭（COIL）

　オンラインでの教育が推進される中で、国際教育においても同様の現象
が起きた。物理的に学生が移動する渡航留学から、オンライン上で交流し
たり、共修を行う教育活動へと、世界の各地において、特に高等教育機関
が率先して転換を始めた。この中で着目を一気に浴びたのが、COIL
（Collaborative Online International Learning）である。「COIL/ オンライ
ン海外大学連携型協働学習は、オンライン（ウェブ）ツールを活用し、海
外の大学との協業をもって、国内の科目（クラスルーム）と海外のクラス
ルームをマッチングさせ、協働学習（Collaborative Learning）を行うと
いう教育実践である。COIL は、高等教育における IaH（内なる国際化）[ii]
の動きに該当する。2004 年に SUNY が開始して以来、COIL を授業に取
り入れる大学は世界中で増え続けている。
　COIL の［C］は、協働学習（Collaborative Learning）を意味している。
海外の大学の科目（クラスルーム）と、国内の科目（クラスルーム）がペ
アを組み、それぞれのクラスの履修学生が混合したバーチャルの国際的な

小グループを形成し、彼らの主体的な行動を前提としたPBL/プロジェクト型の学習活動を行う。海外と遠隔でつながってはじめて「バーチャルチーム」は形成される。その手段として、必然的にICTツールを用いることになる。海外大学との地理的な時差が大きい場合は、同期型（リアルタイム）でClassroom-to-Classroomでつなぐことは難しい。その場合は非同期型のツールを用いたコミュニケーションが主体となる。COILは、ソフトウェアのことだと間違われたり、固定されたシラバスがあるかのように理解されてしまうことがあるが、他の教育手法同様、個々の科目の活動内容や学習達成目標への適性によって応用する「ペダゴジー/教授法」であり、分野の専門性は限定されない。実際のところ、日本国内で2018年度スタートの世界展開力強化事業（文部科学省）以降展開を見せた各大学でのCOILは、人文系の科目だけではなく、理工系の科目でCOILを応用した事例が多い。さらに、COILは少なくとも2科目（海外と国内）がマッチングされるものなので、その科目同士が同分野の場合や、異なる専門である場合も多い。これは「学際的COIL（interdisciplinary COIL）」と言い、より新しい学びや挑戦を学生に提供したい時（例えばゼミ科目など）に非常に高い効果をもたらす。関西大学では、この学際的COILを促進するテーマとしてSDGsをよく取り上げる。17の多次元のゴールとそれらを達成する解決策を考える上で、文理融合かつ文化背景の異なる学生達がチームとなり探究し、成果を共同発表してくれる姿をみる度に、こういった活動の積み重ねが「地球市民マインド」を涵養するのだと実感する。

　関西大学では、コロナ禍以前、2014年からCOILを大学の取組として日本で初めて開始し、現在に至る。現在は、IIGE（グローバル教育イノベーション推進機構）という、COILをはじめとした多様なオンライン教育を融合した国際教育実践を推進する機構にまで成長した。この機構は、「グローバル・キャリアマインドを培うCOIL Plusプログラム」の文部科学省「平成30年度『大学の世界展開力強化事業』〜COIL型教育を活用した米国との大学間交流形成支援〜」からの採択を受け、設置されたものである。

4.　コロナ禍期における COIL 実践の広がり

　海外の COIL 型教育を取り込む動きは、国内よりもさらに急速に進んでいる。アメリカ合衆国を 1 つの例として取り上げると、ここ数年で ACE（American Council on Education）が拠点となり、日本と米国、ベネズエラと米国、ノルウェイと米国間の諸大学で COIL マッチングを行い、担当講師研修を提供し支援する取組が進んだ（https://www.acenet.edu/Programs-Services/Pages/Professional-Learning/Rapid-Response-Virtual-Exchange-COIL-Transformation-Lab-US-Japan.aspx）。日米では、2018 〜 2019 年度に合計 13 校、2020 〜 2021 年度に合計 28 校の日米大学が ACE のイニシアティブの採択大学となり活動を行った。これらは、IIGE が COIL 科目に関与する教職員の研修提供母体として ACE から委託されて参加した取組でもある。

　COIL Connect は、2021 年に北米でローンチした COIL 実践を組織単位で実施している大学機関などが加盟しているネットワークである。この COIL Connect のハブとなっているウェブポータル（2021 年 2 月に公開開始）に、登録者限定で閲覧が可能なサーベイの結果がある。一部は一般公開となっているが、この中で、登録機関が回答した結果を、個々の機関名は伏せたまま示すグラフ表示機能がある（**図 3**）。2022 年 2 月 24 日時点で 183 機関が加盟しており、この集計が随時更新されて表示される。ここでは、本ネットワーク主催者である COIL Consulting の Jon Rubin 氏（前 SUNY COIL Center 所長であり、COIL 実践の創出者でもある）の許可を得て、IIGE で掲載した一部のデータをここでも再掲したい。**図 3** は、加盟機関が COIL/VE プログラム（次節にて説明）を設立した日を基準に、この分野が始まってからの成長を示したものである。この 12 年間、着実に成長してきたことが見て取れるが、特に 2020 年の成長が非常に大きいことがわかる。2021 年も多くの機関が COIL/VE プログラムを創設している。本書執筆時である 2022 年 8 月現在においては追加的な成長はほと

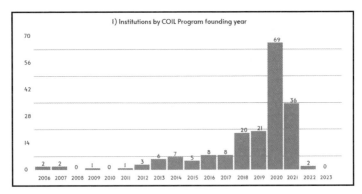

図 3　創設年次別で分類した COIL Connect 加盟機関

んど見られていないが、2022 年度における COIL 科目の成立は、年度後半を迎える中で数が増えていくものと思われる。

　日本国内においては、同様のデータ分析調査はまだ実施されていないが、2020 年来の COIL 実践への注目度を示唆する現象はいくつかある。緊急事態宣言が解除され手間もない 2020 年 6 月、メディアがまず取り上げた（日経新聞 2020 年 6 月 29 日付）ことで、この教育手法の認知度が一気に上がり、IIGE にも問い合わせが殺到した。「うち（大学）でも取り込みたいが、何をしたらいいか」「COIL 科目を推進していることを海外に発信したい」「もっと多くの学生たちに参加を促したいが、誘致の案に悩んでいる」といった、様々な相談をいただいた。この 1 つの「解」として理解が広まったのが、日本国内の COIL 型教育を推進する大学機関が参加している「JPN-COIL 協議会」への参画である。この協議会は 2018 年度に大学の世界展開力強化事業 2018 ～ 2022 の活動の 1 つとして、関西大学（IIGE）が事務局を務め、採択大学を中心に当初合計 13 の大学でスタートしたものである。COIL への関心はコロナ禍前もじわじわと広がりを見せていたが、2020 年 2 月時点では合計 20 大学となり、コロナ禍「最盛期」であった 2020 年後半～ 2021 年にかけては、44 大学と、加盟数が倍増した。2022 年 9 月時点では 53 大学である（IIGE ホームページ[iii]）。本協議会は主として大学単位での加盟を求めるものである。大学運営組織による

コミットを必要とするため、組織によっては決裁までの時間がかかる場合もある。そのような条件下であっても、現在も、毎月新規大学の参加が続く。この大学加盟数の変遷は、国内における関心の高まりを示唆していると言えるだろう。

5. COIL 型教育の発展と多様化

　COIL 型教育の形態も、多様化してきた。第 8 章に詳しいが、海外大学と国内大学が 1 対 1 の形式で実施する COIL だけではなく、複数の国・地域の科目が協働してカリキュラムを構築し、学生間の相互学習やプロジェクト型活動を推進するようなマルチラテラルな COIL 実践も展開している。関西大学が実施している発展的な COIL は、**図 4** に示されている。

　IIGE では、「COIL 型教育」という定義の中に、COIL と VE（Virtual Exchange）の 2 つを大別している。COIL と呼ぶ場合は、協働学習を実践するために集うのは「教員とそのクラスの履修生」であることが前提となる。学生のみが協働学習に参加する場合は、Virtual Exchange として位置付ける。複数大学機関が参加する場合、その内 2 大学は教員と履修生が参加するが、その他の第三の機関からは学生のみが参加するという混合のケースもあり、「COIL/VE」と称する場合が多い。

図 4　IIGE が手掛ける発展型の COIL/VE プログラム

　IIGE では 2021 年 12 月に国際フォーラム を実施した。取り上げたテーマは「IoE（Internet of Education）時代の国際教育」である。COIL/VE は大変有効な双方向型教育実践だが、それ以外のオンラインモダリティもコロナ禍を受け様々な実践形態が登場している。「オンライン留学」と言われるような語学学習モジュールや、AR/VR を活用したメタバース上での国際交流学習、バーチャルとオンサイト双方を同時に活用するハイフレックスの教室空間で行う国際共修授業など、その形態は多様である。これらはすべてウィズ・コロナ禍の中で、その時々の学生や各大学のニーズに合わせて生まれたものであり、このままネクスト・ノーマルとして定着するのか、もしくはさらに多岐に分裂していくのか、教育目的にかなう、最も有効な活用法 を提案するためにもしっかりと検証しそれを発信していく必要がある。それぞれの特 徴・強みや効果が明示的に示されれば、それらを吟味して我々はブレンド型の国際交 流教育を提供できるようになる。今後広がるであろう、渡航留学とオンライン型の国際教育「共生」は、よりインクルーシブでありながらも進化した国際教育の実現の鍵となるのではないだろうか。

　どんなに優秀な教育手法であったとしても、その担い手が育っていないと、その効果は十分に発揮されない。COIL 型教育を有効に運営できる教育スキルと、活動設計を構築できるインストラクショナル・デザインの知見を持つ教員の養成の必要性も、この実践を継続的に展開・拡充しようとする大学運営サイドの支援もあり、徐々に理解が広がっている。一方で、日本国内の推進の動きは、国外の傾向と比較すると、興味深い異なりがあることがわかる。国外においては、Capacity Building Workshop（能力開発研修）という位置づけや、Transformation Lab（教育の変容ラボ）といった呼び方で、教員が新しい教育の形態のニーズに見合う能力を培えるように学びの機会を提供する目的で、COIL トレーニングなどに大学のコストを投じ、時には大規模なスケールで実施するのが第一のアクションとなっている。ACE の行った Rapid Response Transformation Lab（2020, 2021）や、アセアン諸国の大学が対象となっている SHARE（European

Union Support To Higher Education In The ASEAN Region）主催の Capacity Building Workshop（2021, 2022）などがその事例である。これに対し、日本国内においては、省庁の助成金という形で各大学それぞれに支援が提供され、どのようにこの教育実践を実現させていくのはそれぞれの自助努力に任せられている。COIL のような新しい実践の導入と定着は、初めから内製化することは難しい。今後国内外の連携が促進されることで、教員の能力開発研修のような機会が大学の垣根を越えて、頻繁に提供されることが望ましい。

6.　おわりに

　世界のコロナ禍状況とその余波は長期化しているが、やがて、どこかの時点で収束の目途が立つだろう。いくつかの国々ではパンデミックを「エンデミック（医療・公衆衛生で、ある感染症が、一定の地域に一定の罹患率で、または一定の季節に繰り返し発生すること）」の位置づけとなり、その先には、インフルエンザのような扱いに世界中で落ち着くというフェーズが見えてきた。今はまさにその段階の切り替えにおける「インターバル」の期間であるが、この期間にどう動くかによって、COIL のようなオンラインにおける教育実践がポスト・コロナ禍期にも定着するかどうか、大きく変化すると考えている。コロナ禍の収束後、COIL のような教育実践は「お蔵入り」するのか、それとも COIL の学習効果と、実際のモビリティにおける学びの使い分けができるようになり、多様なオプションの融合・混合型の新しい国際教育の在り方が「ニューノーマル」となるのか。中長期スパンで COIL 型教育の展開を考え、今動くことが重要だと考えている。

　オンライン教育を融合した国際教育は、まだまだ課題もある。特に、COIL 実践の歴史はまだ浅く、効果検証の事例が、大学毎の個々の検証に留まっている点は指摘しておきたい。COIL はその実践の中でどのように活用されたかで、学習効果が変化する。何をすればどういった学習変容が

起こるのか、こういった点を体系的に調査するには、データ量、そして検証事例がまだ少なすぎるのである。COIL データを集積するには、大学間の横展開も必須となるだろう。また、従来の海外派遣留学の取り扱いについても同様に言えることではあるが、日本国内では COIL の効果検証として語学能力面等の伸長だけがどうしても焦点化されてしまい、きわめて限定的な理解に終わる傾向にある。COIL がもたらす「学び」を解明することは、ポスト・コロナ禍期になり、COIL のようなオンライン型の教育実践「しか」できないのではなく、モビリティも回復し、COIL「も」できるようなフェーズが到来した時に備えるためにも、とても重要かつ喫緊の課題である。特に、異文化間対応能力の伸長を可視化できるようにすること、そして、チームワーク力、ロジカルシンキング、プレゼンテーション能力といったその他の特性の成長について等、COIL という実践がもたらす学習効果の検証対象の幅を広げる必要がある。これらの特性や資質の明示化は、COIL に参加した学生のエンプロイアビリティ（就職力・就職可能性）の向上にもつながっていく。この論点については、本書の第 7 において、現段階で検証できている結果を共有しながら、さらに考察を深めていく。

注

i　Coursera とは 2012 年に、スタンフォード大学のアンドリュー・エン准教授とダフニー・コラー教授の 2 人によって設立された MOOC（ムーク「Massive Open Online Courses」）である。

ii　Internationalization at home（内なる国際化）は、国内の学習環境において、すべての生徒のための公式・非公式なカリキュラムに、国際的・異文化的側面を意図的に統合すること」（Beelen & Jones, 2015）と定義されている。

iii　IIGE JPN-COIL 協議会情報ページ https://www.kansai-u.ac.jp/Kokusai/IIGE/jp/JPN-COIL/（最終アクセス 09-15-2022）

参考文献

2021 Coursera Impact Report（2021）2021-Coursera-Impact-Report.pdf（最終アクセス 03-19-2022）

第5章 COIL：日本の国際高等教育における行動と方向性の 持続可能性、多様性、包括性に向けて

プールオミッドサッジャド

1. 高等教育における国際化

　グローバル化の進展に伴い、高等教育機関も国際化に踏み出す必要が生じている。高等教育機関がこの競争の激しい市場で生き残るためには、新たな状況によって生じるニーズの高まりに対応する必要がある。そのための方法のひとつが、国内の学生だけを収益源とするのではなく、海外からの学生を獲得するための戦略を立てることである。また、国内の学生であっても、単に国内レベルのスキルを身につけることだけが目的ではなくなってきている可能性がある。つまり、世界的な学生の流動性の高まりとともに、大学には世界の雇用市場で競争できる学生を育てることが当然期待されているのだ。この2つの目標を達成するために、大学は国際的に認知され、教職員や学生の国際経験を高めるための新しい方法を考え出す必要がある。こうした要請に応えるため、世界中の多くの大学が、学生の国際的・文化的コンピテンシーを向上させることが自らの役割であると認識するようになった（De Wit 2010）。

　国際化について、1つの統一的な理解はない。実際、国際化とは何か、国際化とは何を意味するのかについては議論がある。この概念の定義として最も引用されているのは Knight（2004）で、国際化とは「中等後教育の目的、機能、提供に国際的、異文化的、あるいはグローバルな次元を統合するプロセス」（p. 11）であると述べている。この定義は、国際化をプロセスとして明示し、そのプロセスの国際的、異文化的側面に言及している点で、特に興味深いと言える。また、この定義は、計画や実施のレベルでは、ほぼすべての活動を包含する広範なものであると 思われる。Knight（2006）は、この概念をさらに掘り下げ、海外での国際化

（Internationalization Abroad/IA）と国内での国際化（Internationalization at Home/IaH）を区別している。

2. 国内外での国際化

　IA とは、国境を越えて行われる教育と、学生、教師、学者、プログラム、コース、カリキュラム、プロジェクトなどのモビリティを特徴とする、と Knight は言う。一方、IaH は、学生が自国にいながら異文化に対する認識や国際理解を深める機会を提供することを目的とした活動であると Knight は主張する。しかし、この区別に異論がないわけではない。経済協力開発機構（OECD）は、国際化されたカリキュラムを「内容および / または形態が国際的 な方向性を持ち、学生が国際的かつ多文化的な状況において（職業的 / 社会的に）活動できるよう準備 することを目的とし、国内外の学生を対象に設計されている」（OECD 1996, p. 6）ものであると定義している。また、キャンパスの国際化は、しばしば包括的な国際化と同じ意味で使われる（Hudzik 2011）。Hudzik（2011）によれば、包括的な国際化とは、高等教育機関における教育、研究、サービスのすべての側面を包含する行動を通じて実現されるコミットメントとして最もよく概念化されるものである。したがって、それは学生のキャンパスライフに限定されるものではなく、教育機関の「外部参照枠、パートナーシップ、関係」（p. 6）にまで拡大されるべきものである。

　IaH の主な目的は、モビリティがない状態でも、現地の学生が国際的な高等教育を体験できるようにすることだろう。このような提案の最初の例として、欧州国際教育協会が発表した論文（Crowther et al. 2001）においては学生モビリティプログラムでは、海外生活や留学を支援するために必要な経済的・文化的資本を持つ社会的に恵まれた家庭の学生が中心であるとしばしば報告されており（Brooks & Waters 2011）、これは非常に興味深いものであった。

　このため、IaH は「地理的に移動可能な、あるいは移動したいと考える

社会よりもはるかに広い層に対して、国際化の恩恵を民主化する」
（Harrison 2015, p. 414）ことを提供すると考えられているのである。

　Crowther, et al.（2001）が構想する IaH は、大きく 3 つの要素で構成
されている。

　第一に、多様性を資源としてとらえることである。ここでは、国際的に
移動する学生は、社会的にも学問的にも多様性のある空間を大学内に作り
出すことができると考えられている。この多様性は、自国の学生にとって
も潜在的な資源であり、自国とは異なる教育環境で学ぶことを可能にする
ことで、学問的経験をより豊かなものにするものと考えられる。第二に、
国際化されたカリキュラムが存在することで、従来のカリキュラムに異な
る文化的視点が加わることで恩恵を受けることができる。3 つ目の要素は、
文化的に敏感な教育法を活用することであり、大学は文化的・国際的に多
様な学生をリソースとして考慮し、彼らの特定のニーズに応えることが求
められる（Harrison 2015）。

　IaH プログラムに関する文献を調べると、これらの目標を支持する十分
な証拠がある。もちろん、このことは、IA アジェンダの中に位置づけら
れる留学の意義を損なうものではない。また、高等教育機関が学生に海外
の教育機関で勉強することを奨励することを妨げるものでもない。明らか
な経済的利益を含む様々な理由から、大学は、多くの留学プログラム、特
に短期留学は、学習経験よりも旅行経験を重視するため、学生の異文化意
識を高めることができない（Hammer 2012; Peng 2010; Salisbury, An &
Pascarella 2013）ことを示す調査を無視してきた（Stigger, Wang,
Laurence & Bordilovskaya 2018）。これまでは、おおむねその通りであっ
た。しかし、2020 年 3 月以降、COVID-19 パンデミックのさらなる拡大
を抑制するための措置として、厳しい渡航禁止措置がとられたことで、状
況は大きく変化した。海外留学を控えていた数千人の学生が予定をキャン
セルし、代わりに部屋に閉じこもらなければならなくなったのである。疫
学者からは、いつ有効なワクチンが開発され、誰もが使えるようになるの
か疑問の声が上がり、航空会社は需要の少なさから国際線をパンデミック

以前の便数に戻そうとせず、さらに言えば、政府は外国人に対して入国を
つい最近まで制限していたりと、高等教育における国際化の将来は全く不
透明で、明るいものとは言えない。もし、このまま状況が改善されないと
したら、どうなるのであろうか。大学が将来即戦力となる、国際的な視野
を持ち、異文化を理解する人材を育成することを諦めてしまうのだろう
か？おそらく、そうではないだろう。昔から言われているように、必要は
発明の母であり、世界各地で非常事態が発表されて以来、短期間のうち
に、キャンパスが閉鎖されているにもかかわらず、教育を継続するための
いくつかの革新的な取り組みが行われた。おそらく、COVID-19 の危機を
きっかけにした高等教育の国際化も、同じようなシナリオが待っているの
ではないだろうか。

3. 国際化のための新たなカテゴリー

　高等教育の国際化に関する研究は、すでに IA と IaH の二元的な区別に
疑問を投げかけている。この議論は、インターネットと情報技術ツール
（ICT）のアクセシビリティと、それが高等教育の概念に与える影響に大き
く根ざしている。テクノロジーの活用により、地理的な境界を越えて遠隔
学習の選択肢を選ぶ学生が世界中で増えている（Gunter & Raghuram
2018; Tait 2018）。実際、遠隔学習はその様々な形態で、学生が「自分の
居住国から遠く離れた文化や国に拠点を置く教育機関を通じて、同時に自
分の居住国内にとどまりながら」学んでいることから、国際化の第三のカ
テゴリーを発展させていると主張されている（Mittelmeier et al. 2019）
この新しいカテゴリーは、Ramanau（2016）が最初に Internationalization
at a Distance（IaD）と呼び、その後さらに発展させた（Mittelmeier et
al. 2019; Mittelmeier et al. 2020）もので、Knight（2008）の IA と IaH
カテゴリーを融合して、海外の教育機関から教育を受けながら自分の国に
居住している学生も含まれる。先に述べたように、モビリティは IA の重
要な構成要素であり、特徴的な点である。IA では、学生は一定期間自国

70

を離れ、海外の教育機関に在籍する。これに対し、IaH では、国内の教育
機関の公式・非公式なカリキュラムに国際的・異文化的な次元が意図的に
追加されている（Beelen & Jones 2015）。これは何を意味するかというと、
学生は在籍する国内の教育機関から国際的な教育を受けるということであ
る。Internationalization at a Distance（IaD）は、この両者の特徴を持ち
ながら、両者とも異なるという特徴がある。

　IaD では、学生は海外に渡航せず（IaH と同様）、海外の教育機関（IA）
から教育を受ける。これは、2020 年のような危機的状況や渡航制限のあ
る時代には、国際化アジェンダとして大きな可能性を持っていることは明
らかである。インターネットのおかげで、学生は自国にいながらにして海
外の教育機関で教育を受けることができる。注目すべきは、学生の代わり
に、IaD の技術の助けを借りてモバイル化したのは知識と教育であるとい
うことである（Mittelmeier et al. 2020）。このような状況において、高等
教育の国際化は、技術の助けを借りて、時間と距離の障壁を（少なくとも
理論的には）克服することができる（Leask 2004）。

　IaD は、海外の教育機関で学びを希望しているが、自国を離れられない
という学生が、インターネットを利用して海外の教育機関で学ぶことを可
能にするものである。つまり、このような学生は、自国にある 1 つの教育
機関に直接所属するわけではない。このほかにも、さまざまなシナリオが
考えられる。大学間連携が珍しくなくなった今、IaD はより多くの学生に
国際教育を提供するために、新たな展開を見せることができるのだ。テク
ノロジーの進歩により、国境を越えた大学が、自国にいながらにして提携
校の学生を受け入れることが可能になったのである。インターネットを介
した提携大学間のバーチャルな交流は、異文化間や国際的なコンピテン
シーの育成を目的とした様々な協働活動に学生を参加させることができま
す。この場合、現在の IaD の概念を超えているため、Collaborative
Internationalization（CI）と呼ぶことができる。この用語は、高等教育に
おける国際化の取り組みに関する文献には実際には存在しないが、CI の
基本的な考え方は少なくとも暗黙のうちに理解され実践されているようで

ある。二国間（または多国間）の国際化努力と地理的に異なる研究機関間の協力が CI の中心にある。以下では、Collaborative Online International Learning（COIL）を CI のアプローチとして紹介し、なぜそれが高等教育の持続可能性、多様性、包括性を確保するためのソリューションとなる可能性があると考えるかについて述べることにする。

4. 国際オンライン協働学習

　COIL は、様々なコンテンツ分野を教えるための革新的なアプローチであると言える。

　その主な目的は、教師や生徒が物理的に移動することなく、海外のパートナーと協力し、異文化意識を高める機会を提供することである。これらの目標は、さまざまな情報通信技術（ICT）を活用することで達成される。しかし、COIL が革新的なアプローチである理由は、ICT ツールの活用にあるわけではない。ICT ツールの活用は、教育現場や生涯学習において、これまでも盛んに行われてきた。例えば、MOOC（Massive Open Online Course）は、様々な地域からの受講生にオンライン教材への共有アクセスを提供するものである。同様に、遠隔学習は、生徒が他の国にいる教師の指導にアクセスすることを可能にするものである。しかし、これらの例には、COIL が革新的なアプローチとして際立つ理由である「協働作業」の要素が欠けている。さらに、COIL は分野横断的なプロジェクトとして行われることが多く、異なる教科を教えるクラス間で学習目標を共有することに焦点を当てることができる。グローバル化が進む中、学生には専門分野を超えたスキルの習得が求められている。例えば、グローバル・シチズンシップ、異文化コンピテンス、デジタル・リテラシーなどが挙げられる。

　COIL は、異なる分野（あるいは同じ分野）の学生が、これらのスキルを協働で学ぶことができる土壌をつくりだすことができる。COIL は、最もシンプルな形で、2 カ国以上のクラスが参加し、学習者の異文化に対する意識を高めるオンライン学習の一形態と定義できる（Shiozaki 2016）。

COIL の本来の目的の 1 つは、遠く離れた地域の学習者を集め、協働学習や異文化理解を促進することだが、今回のパンデミックのような災害や健康問題で学生の移動すらままならない時代に、国際教育を維持するための確かなアプローチとなり得る。Rubin and Guth（2015）は、COIL は単に異文化コミュニケーションのためのプラットフォームではなく、むしろ様々な共有された多文化学習環境において異文化理解を深めるためのパラダイムであると主張している。それは、IA プログラムの一部が、学生に旅行体験以上のものを提供しないことが判明した事実にかかわらず、しばしば誇りとされるものである（Stigger, Wang, Laurence & Bordilovskaya 2018）。対照的に、COIL では、協働作業と異文化・国際理解の育成が中核的な要素となっている。インターネットを利用した様々なツールは、地理的に離れた地域の大学の授業をリンクさせ、教師と生徒が有意義な異文化交流を行うための COIL モデルとして活用できる可能性を秘めている。COIL プロジェクトは通常、協力する 2 つの大学の少なくとも 2 人の教員がコースのシラバスを共有し、学生の体験学習と協働学習に重点を置いてプロジェクトのための共有シラバスを作成することから始まる。共同研究の対象となる 2 つ（またはそれ以上）のコースは、必ずしも同じ学問分野である必要はない。

　最も重要なのは、コース目標に共通項を持つことである。COIL プロジェクトにおける活動やタスクは、両方のクラスの学生にとって有益となるように設計することが可能である。理想としては、時差やその他の制約が許せば、ビデオ会議プラットフォームを介してリアルタイムで学生同士が交流できることが望ましい。しかし、すべてのセッションがオンラインで同期的に行われる必要はなく、学生は非同期的に海外のパートナーとも協働作業を行うこともできる。また、従来型の講義や、提携大学の教員が協働指導・運営する教員主導型セッションも考えられる。オンライン（またはそれ以外）の協働セッションは、これらのセッションの間に設定することができるため、COIL を特定のニーズや期待に適応できるフレームワークと考えることは容易である。

コース全体の目的によって、COIL はさまざまな形態をとることができる。同期型コラボレーションはオンライン言語能力開発のための学習者間の交流を促進するが、他のコースではテキストまたはマルチモーダルな学習者間の交流がより良い選択肢となりうる。プロジェクトが COIL とみなされるには、4 つの基準を満たす必要がある。まず第一に、学生が参加する活動やタスクが協力的でなければならないこと。2 つ以上の大学の学生が、事前に設定された課題の完成に向けて協力する必要がある。第二に、このプロジェクトはオンラインで行われる必要があること。これには、学生と教師の間で行われる同期的および非同期的な相互作用の両方が含まれる。第三に、プロジェクトは国境を越えた 2 つ以上の高等教育機関の間で行われる必要があり、1 つの国の 2 つの大学間のプロジェクトは COIL としてカウントされない。最後に、プロジェクトが意図する学習成果を明確に示している必要があること。COIL ではコラボレーションが重要であり、それが学生の就業力を高めるのに適したアプローチであるとも言える。

5.　協働学習とエンプロイアビリティ

費用対効果が高く、多面的な教育手法である COIL のルーツは、協働学習にある。協働学習は、最も広い意味では、学生間の協働知的交流を促進することを目的とした教育戦略であると定義することができる。その理論的根拠は、ロシアの心理学者 Vygotsky, L の社会文化的学習の概念にまで遡ることができる。Vygotsky（1978）は、社会的相互作用が学習者の高次の思考能力を育成する上で果たす役割を明らかにし、知識の構築に関わる個人と社会のプロセスの動的相互依存について洞察したことで最も高く評価されている。Vygotsky にとって、学習とは、学習者が仲間との協働作業を通じて学習プロセスに積極的に参加することを含む社会的事業であった。この点で、協働学習は、ブラジルの有名な教育者であり哲学者である Freire（2005）が、教師から学習者に知識を伝達する教育の「銀行モデル」と呼ぶものと対比させることができる。それゆえ、教師から学生

への一方向的な知識の伝達よりも、学生の能動的な学習と関与を重視する協働学習は、高等教育の場で現在採用されている（Shonfeld & Gibson 2019）。

　協働学習は、学生に能動的な役割を与えるとともに、学習における協働作業の効果を強調するものであり、高等教育における学生の雇用可能性を向上させるのに適していると言えるだろう。アクティブラーニングは、将来の３つの重要なスキル（World Economic Forum 2020）の１つであり、発見と探求の姿勢と新しいデジタル能力を学ぶ意欲と定義されている。協働学習に参加する学生は、他者と協力し、批判的に考え、考察し、自分の意見を述べ、知識を伝え、自分自身と他者を管理・評価するスキルを身につける特権を得ることができるのである。これらのスキルはすべて、おそらく他のスキルも含めて、将来就職する職場に理想的に移転することができる。言い換えれば、学生は卒業後、働く準備と雇用可能性を高めることができるスキルと知識を備えていることを意味する。とはいえ、協働学習が雇用可能性の見通しを高めるという目的を果たすためには、いくつかの基本的な前提に従う必要があることにも留意する必要がある。

　まず、このアプローチにおける学習の建設的な性質は、生徒が受け取った情報をもとに新しいアイデアを生み出したり、新しいものを創造したりすることを求めていることである。新しい内容を受動的に習得することは、このアプローチにおける学習には含まれない。学んだことを活かして、新しいアイデアを生み出すことが学習となるのである。これは、常に創造することを求められる多くの職場と似ている。第二に、協働学習は、しばしば問題を抱えたタスクに学生を没頭させ、その問題に対する解決策を考案するよう促す。他の従来の教育アプローチでは、学生はまず事実とアイデアについて学び、それから既存の問題に導入されるのに対し、協働学習では問題解決が出発点である。これはまさに、職場で従業員が新たな問題に対する解決策を考え出すことを期待されていることに似ている。さらに協働学習は、生徒の経験や学習スタイル、願望などの多様性を受け入れる必要がある。コラボレイティブ・チームに所属する学生は、問題解決

プロセスにおいて自分の資産を活用し、問題を解決するための個性的なアプローチを行うことが評価されるべきである。最後に、このアプローチでは、学習は社会的な行動を通じて具体化されなければならない。つまり、学生はタスクのさまざまな側面を相互に探求し、互いのパフォーマンスに対してフィードバックを提供する機会を持つべきであるということである。単にグループでタスクをこなすよう求めるのではなく、これらの前提条件を満たすことで、学生にとってより良い雇用機会の創出につながるのである。

6.　COIL と日本における国際教育

　前項で述べたように、COIL は持続可能で費用対効果が高く、適応性のあるアプローチとして、数年前から国際教育の分野で活躍している。特に、グローバルな市民権や異文化対応能力を養い、高等教育機関の学生のグローバルな雇用能力を育成できる可能性があることから、魅力的なアプローチとして注目されている。COVID-19 の流行以前から行われていたが、この 2 年間は物理的な移動が制限されていることもあり、より注目が集まっている。しかし、それ以外にも、日本が高等教育において COIL を推進するのには、特有の理由がある。以下では、COIL が日本の高等教育にどのようなメリットをもたらすのか、全国規模の調査や関西大学のデータを用いて論証していく。

　国際化の取り組みをオンラインで行う必要性を支持する前述の理由に加えて、日本特有の社会的・人口動態的な背景から、日本では遠隔地での国際化を促進すべき理由がある。過去 20 年間、相互接続されたグローバル経済の中で、知識ベースの資本は経済成長に不可欠な要素であると支持されてきた（Wyckoff 2013）。これが意味するところは、現在のグローバル経済では、成長のための資源としてスキル、専門知識、イノベーションを糧とする知識基盤が必要であるということである（Burgess 2015）。これは、世界中のすべての経済に当てはまることかもしれないが、日本を含む

先進国は、高齢化、人口増加の停滞、天然資源の減少という課題を抱えて
おり、その必要性はより一層高まっている。このことは、近年、「グロー
バル人材」をめぐる言説が活発化していることの一端を説明できる可能性
を秘めている。日本企業も政府も、安定的かつ継続的な経済成長への道は
国際市場にあると認識するようになったようである。すでに海外で活躍し
ている企業も、この10年でグローバルに事業を展開するようになり、国
内だけで活動していた企業の多くが海外事業を開始しようとしている。こ
のような背景から、近年、日本ではグローバル人材という言葉が覇権を握
るようになった。すでに多くの日本企業で業務範囲の大規模な変革が進ん
でおり、国際的、異文化的に業務を遂行できる人材が早急に求められてい
る。

　グローバル人材という言葉は様々に定義されているが（Pollock 2012）、
一見すると全てを網羅するような定義として、グローバル人財推進産学共
同委員会（Chapple 2014）が提唱する「グローバル人財とは」というもの
がある。

　　「競争と協調の激しい現代社会において、日本人としてのアイデン
　　ティティを保ちつつ、一般教養と専門教養に基づく広い世界観を持
　　ち、価値観や文化、言語を超えた関係を構築できるコミュニケーショ
　　ン能力と協調性を持ち、新しい価値を創造する能力と現在・未来の社
　　会への貢献意欲を有する人」

　また、経済産業省のグローバル人材育成推進会議の中間報告（2011年）
では、グローバル人材とは、①語学力・コミュニケーション能力を有する
こと、②自主的・積極的な行動、チャレンジ精神、協調性・柔軟性、責任
感、③日本文化のアイデンティティを維持しつつ異文化を理解できること
の3点からなるとしており、より公式な用語の定義もある。
　日本政府は、上記のような資質を持つ人材の育成を実現するために、こ
れまでにも様々な政策を試みており、その中には、日本人学生を30万人

海外に派遣し、2020年までに留学生数を倍増させるという計画もある（Daily Yomiuri 2012）。また、「グローバル人材育成推進会議」も同様の目標を掲げ、22歳の若者の10%に留学（1年以上）の機会を提供することを目指している（文部科学省 2011）。安倍晋三政権も、「すべての若者に留学の機会を与える」という、非常に野心的な計画を主張した（Kantei 2013（「日本再興戦略」改訂 2014））。これに加えて、スーパーグローバルハイスクールのようなプログラムには巨額の奨学金が充てられ、生徒たちが様々な地球規模の問題を探求するための国内外のフィールドトリップに資金が提供されている。

　これらの政策は、いずれも日本のグローバル人材育成に影響を与えたが、その目標を高い次元で達成したとは言い難い。本章の冒頭で述べたように、COVID-19のパンデミックという未曾有の事態が、当初定めた目標の達成の試みに支障をきたしたことは否めない。しかし、それは物語の一部に過ぎず、今回のパンデミックが発生するずっと以前から、日本人の海外留学生は減少の一途をたどっていたのである。

　図1が示すように、日本人留学生の数は1993年以降順調に増加し、2004年にピークを迎えた。その後、急速に減少し、2011年には1995年と同程度の数にまで減少している。日本の社会経済状況や、2011年の三

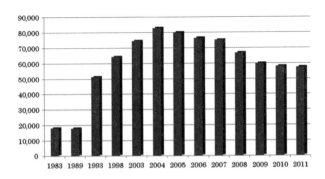

図1　1983年〜2011年における日本人学生（高等教育）の海外留学者数
（出典：文部科学省　2014年）

重災害（地震、津波、福島第一原発のメルトダウン）などが留学者数に影
響を及ぼしている。しかし、多くの研究者が、日本はもう1つの深刻な問
題に直面していると主張している。それは、日本では「内向き志向の若
者」とも呼ばれる、海外で勉強したり働いたりする意思のない若い日本人
のことである。この言葉は、日本の若い世代の価値観や目標に起きている
変化を示すために、日本の国際化に関する言説で広く使われてきた。日本
の若い世代の多くが留学や就職のために母国を離れたがらないという事実
は、日本におけるグローバル人材育成の試みに水を差している。この現象
を説明するためにいくつかの推測がなされているが、ブリティッシュ・カ
ウンシルが行った調査によると、若い世代が海外留学に踏み切れない理由
は、安全面、費用、帰国後の悪影響が懸念されることが上位に挙げられて
いる。また、安全面や費用面での不安は、留学や就職の判断に影響を与え
るだけでなく、子どもが不必要に危険にさらされることを親が警戒してい
る。日本への帰国をめぐる問題への懸念も、日本の高等教育の文脈では非
常に正当なものであると思われる。日本の学年は春学期と秋学期にわか
れ、ほとんどの大学ではそれぞれ4月と9月に始まる。これは、多くの日
本人学生にとって、留学先の学年と一致しない。つまり、留学を終えた
後、留学先の大学では学期の途中から勉強を始めることになるのだが、こ
れでは実りある留学とはいえない。さらに、大学3年、4年、5年の学生
にとっては、日本での就職活動はより厳しいものとなる。日本では、若者
を採用する企業の多くが、いつ、どのように就職活動を行うかについて、
厳格な制度を持っていることが知られている。そのため、5月や6月に帰
国した学生は、企業の採用説明会に間に合わず、希望する仕事に就ける見
通しが立たないことが多い。

　こうした懸念は、日本の若者の留学参加が衰退していることを説明する
ための別の視点も示している。Grimes-MacLellan（2017）は、日本の若
者が「内向き」で、海外留学を含む新しい挑戦に消極的だと批判する日本
の現代社会の言説とは対照的に、学生は海外留学を志し続けているが、そ
れに伴う費用やその他の課題にも狼狽していると論じている。しかし、日

決算期	2018	2019	2020
各種プログラムによる関西大学学生の海外留学者数	961	824	181

表1　関西大学の学生の留学統計

本人留学生の減少がどのような理由であれ、日本が目指すグローバル人材の育成に支障をきたしていることは見過ごすことはできない。

この傾向は、**表1**に示す 2018 年、2019 年、2020 年の 3 会計年度における関西大学の留学者数でも確認することができる。

この数字が示すように、2018 年から 2020 年にかけて、関西大学の学生の海外留学者数は減少の一途をたどっている。2018 年には合計 961 名の関西大学の学生が短期、中期、長期の様々な留学プログラムに参加したが、2019 年には 824 名に減少している。この減少の背景には、日本の高齢化、関西大学や全国の大学への入学者数の減少、費用や安全面への配慮など、さまざまな要因が考えられる。しかし、2020 年の留学者数が激減する理由は、もっと簡単に説明が可能だ。本章で述べたように、COVID-19 の流行は、高等教育における学生や教員の国境を越えた移動に悪影響を及ぼしたことは否定できない。海外留学が可能であった 181 名の学生は、日本や世界各地で国境閉鎖が実施される前の最初の 3 カ月間で留学することができた。しかし、関西大学は日本でいち早く COIL を実施した大学であり、どんな困難があっても学生に国際的な経験をさせる準備が整っていた。以下の**表2**は、**表1**と同じ時期に関西大学のいくつかの科目で実施された COIL 交流に参加した関西大学とその海外校の学生数をまとめたものである。

決算期	2018	2019	2020
関西大学の COIL 受講者数（日本人受講者数）	269	517	472
関西大学 COIL 講座の海外大学生受講者数 COIL 講座（外国人受講者数）	250	766	1003
関西大学 COIL コースに関わる学生総数	519	1283	1475

表2　COIL プロジェクトに参加した関西大学と海外パートナー大学の学生数

　表が示すように、この間、国際的な経験を得ようとする学生は着実に増
加していることがわかる。関西大学では、2018 年に 269 名の日本人学生
が COIL プロジェクトに参加した。2019 年には 517 名に増え、2020 年に
は、物理的に教室での対面教育ができず、通常の形態の授業運営がままな
らなかったにもかかわらず、472 人にまで達しているのである。また、グ
ローバル教育イノベーション推進機構（IIGE）が発表したデータによる
と、関西大学の全科目のうち COIL をシラバスに取り入れているのは 1 ～
2% に過ぎないことも念頭に置いておく必要がある。また、この表は、関
西大学が実施した COIL プロジェクトに参加した関西大学の海外校の学生
数を示している。この数字も 3 年間で増加しており、世界各地の高等教育
で COIL が認知されつつあることが伺える。その結果、COIL で学ぶ学生
（国内外）の数は、2018 年と比較して、2019 年は 2 倍以上、2020 年は 3
倍近くまで増えた。これは、留学と並行して、あるいは移動が困難な場合
に、COIL が将来の即戦力となるグローバル人材を持続的に育成するため
に、大きな役割を果たすことを改めて証明するものである。

7.　受け入れモビリティの多様性

　日本における留学生の数や減少傾向について調べてみると、いろいろな
意味で参考になることがある。しかし、数字だけでは学生がどのような判
断で海外に飛び出すのか、その複雑さは見えてこない。留学先の傾向の幅
を探ることも、同様に有益であろう。もし、留学が「一般教養と専門教養
に基づく広い世界観、価値観や文化、言語を超えた関係を築くコミュニ
ケーション能力と協調性」（Chapple 2014）を身につけ、グローバル人材
や即戦力となる市民を育てるためのものであるならば、本質的な問いが必
要であろう。この目標を達成するために、学生はどこへ行くのか？日本人
学生の留学先は、価値観や文化、言語の違いを超えた人間関係を築くこと
ができるほど、幅広く、広い範囲に及んでいるのだろうか。以下では、関
西大学の学生の留学先について、IIGE で公開されているデータをもとに

目的地	2018 年度	2019 年度	2020 年度
台湾	27	48	1
大韓民国	57	34	0
インド	1	0	0
マレーシア	1	1	0
タイ	41	14	0
ニュージーランド	47	42	2
米国	93	54	0
カナダ	80	113	0
英国	10	22	0
スウェーデン	6	2	0
ドイツ	10	14	0
スイス	1	0	0
フランス	3	8	1
エクアドル	1	0	0
クロアチア	3	3	1
オランダ	1	2	0
中国	74	25	18
オーストラリア	58	45	0
アイルランド	20	10	0
フィリピン	32	25	0
香港	11	2	0
イタリア	27	24	0
キルギスタン	5	0	0
インドネシア	15	0	0
ベトナム	13	10	0
ロシア	0	1	0
メキシコ	0	2	0
ノルウェー	0	1	0
ベルギー	0	2	0
スペイン	0	10	0
不明	324	309	158

表 3　関西大学学生の留学先（国別・年別）

見ていくことにする。

　表3からわかるように、2018年から2020年までの3年間（国境を越え
た移動が可能な間）、関西大学の学生は世界各地の合計30を超える国と地
域に留学していることがわかる。残念ながら、現在IIGEで公開されてい
るデータでは、関西大学の一部のプログラムを通じた学生の留学先しかわ
からないため、1行目に「不明」の留学先カテゴリーが見られる。しかし、
現在わかっている限りでは、2020年の留学先は、予想される理由から数
カ国に限定されていることがわかる。しかし、2018年、2019年において
も、30カ所の留学先すべてが同数の学生を集めているわけではない。留
学先として人気のある国がある一方で、多くの国がほとんど学生を集めな
かったようである。下図は、一部の留学先が他よりも人気があったことを
示している。なお、このグラフは、**表3**の「不明」のカテゴリーに含まれ
る学生とその留学先を除いたものである。

　図2が示すように、2018年から2020年の3年間で、関西大学から50
人以上の学生が集まったのは、30の留学先のうち、わずか10カ所である。
これらの国・地域は、カナダ、アメリカ、中国、オーストラリア、韓国、
ニュージーランド、台湾、フィリピン、タイ、イタリアで、そのうち100

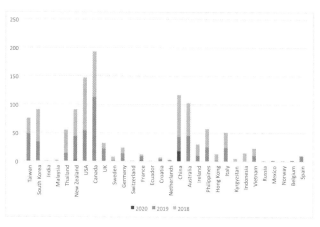

図2　関西大学の学生の留学先

人以上の学生を受け入れたのは最初の4カ国だけであった。このデータが日本の他の大学の学生数に一般化できるかどうかは、さすがに論じようがない。しかし、この棒グラフからわかることは、カナダ、アメリカ、オーストラリア、ニュージーランドなどの英語圏の国が、留学先として最も人気があるということである。これは、英語力を向上させたいという学生の願望によるものと考えられるが、その理由を深く追求することは、本章の範囲外である。中国、韓国、台湾、フィリピンなどは、アジア圏にあり、日本から地理的に近いこともあり、留学先として人気がある。しかし、留学先としてこれらの地域を選んだ理由はともかく、関西大学の学生の留学先は、北半球の数カ国とアジアの数カ国という非常に限られたリストに集約される。また、中東、アフリカ、南米の大部分、さらにはヨーロッパも除外されており、仮に日本人留学生の減少という問題がないとしても、留学そのものが、価値観や文化、言語を超えた人間関係を構築するコミュニケーション能力や協調性を身につけられるとはとても言い難いのである。

　これは、COILプロジェクトで見られる傾向とは対照的である。COILは、費用対効果が高く持続可能なアプローチとして、学生がほぼ世界中から集まった仲間と協力し、有意義でインパクトのある学習を行うためのプラットフォームを構築することができる。かつてLeask（2014）が次のように提起した：「すべての生徒がインターネットを使って情報にアクセスし、教師とコミュニケーションをとり、世界中の学者や学習者と交流し協力することは、少なくとも理論的には、コンピュータとモデムにアクセスできるすべての生徒にとって、距離や時間はもはや国際的な露出や認識を妨げるものではなくなったということである」。

　この引用は、インターネットや情報技術を高等教育に取り入れることの真理を提示しているが、2014年当時、COILは現在に比べ、根拠のあるアプローチとしてあまり認識されていなかった。しかし、先進国でも発展途上国でも、高等教育の現場に情報技術を取り入れることができるようになった今、同様の視点が成り立つのである。このような背景から、COILは、日本の国際高等教育における行動と方向性の持続性、多様性、包括性

を確保するアプローチとして機能することができるのである。

8.　おわりに

　COIL はどのようにして、持続可能で多様な、そして包括的な国際教育
への道筋となり得るのであろうか。COIL やバーチャル・エクスチェンジ、
あるいはその他の類似のアプローチがそのような機能を果たすことができ
ると私が考えるのには、いくつかの理由がある。まず第一に、COIL は包
括性を確保することができる。特権的な集団はより良い機会にアクセスで
きる可能性が高く、それは危機的な状況下ではなおさらのことである。
COVID-19 のケースを例にとると、本章執筆時点では、世界のあまり裕福
でない国々では、予防接種を受けることが容易ではない。ワクチンの需要
が供給を上回り、その結果、ウイルスに対する免疫を持つ特権階級が出現
し、比較的容易に国境を越えることができるようになったのである。しか
し、COIL は、そのような身分に関係なく、国際的な教育を提供できる可
能性を持っている。第二の理由は、COIL は危機の前も、危機の最中も、
危機の後も、高等教育の国際化のための持続可能なプラットフォームを提
供できるという点である。すべての学生が、物理的に移動し、居住国の国
境を越えて教育を受ける経済的な手段を持っているわけではない。危機の
最中には、私たちが目撃したように、経済力があったとしても、学生はそ
れほど遠くに行くことはできない。さらに、IA などの伝統的な意味での
国際教育は、学生に特定の国で勉強する機会を与えるが、COIL やバー
チャル交流は、その定義から、学生に無数のコンテクストの教育に触れる
機会を与えることができる。また、経済的で持続可能なアプローチであ
り、距離や時間だけでなく、費用の面でも障壁を克服することができる。
最後に、COIL はネットワーク構築のチャンスでもある。個人（学生、教
員、スタッフ）と大学の双方が長期的な目標を持ってパートナーシップを
構築することが可能になるのである。このようなパートナーシップは、
COIL プロジェクトの実行を条件とする必要はない。危機の前や危機の最

中に COIL によるパートナーシップから始まり、国際的な移動のハードル
がなくなれば、他の形態に拡大することも可能であろう。

　今回のパンデミックが始まる 2020 年 3 月以前から、アメリカ、ヨー
ロッパ、アジアの多くの数の大学で COIL は実践されていた。COIL は、
ある大学にとっては国際化のための費用対効果の高いアプローチであり、
またある大学にとっては学生の留学への関心を高めるための教育モデルで
あった。また、COIL への関与の度合いも教育機関によって様々である。
COIL の取り組みが政府の支援を受けているケースもある。例えば、日米
COIL Rapid Response Lab（2020）は、在日米国大使館と日本の文部科学
省が主催する American Council on Education（ACE）が、日米間の高等
教育関係の拡大を目的として支援したものである（ACE n. d.）。

　COVID-19 の大流行の結果、あるいはそれに呼応して、COIL が制度化
されつつあり、世界中の大学で、教職員がさまざまな形の仮想交流に乗り
出すための準備と動機付けを目的とした研修プログラムが増えている、と
言えるかもしれない。COIL プロジェクトはハイエンドのテクノロジーを
使用する必要はないが、体験的で協力的な学習活動を設計するための教員
を準備することは、COIL を制度化するための重要な最初のステップであ
ると思われる。さらに、教育工学に精通し、教員をサポートするスタッフ
の存在が、プロジェクトの質を高めることは間違いないだろう。今回のパ
ンデミックは、大学が COIL を国際化の有力な選択肢の 1 つとして検討す
る十分な理由ときっかけを与えたように思われる。しかし、私たちはまだ
このアプローチの初期段階にあり、いつかパンデミックが終息した後で
も、研究や実践の面でもっと多くを耳にすることになるだろう。

参考文献

文部科学省. (2011). 産学連携によるグローバル人材育成推進会議. https://www.mext.go.jp/
　　component/a_menu/education/detail/__icsFiles/afieldfile/2011/06/01/1301460_1.pdf
　　（最終アクセス 11-10-2022）

ACE（n.d.）. U.S.-Japan COIL initiative. Retrieved July 10, 2020, from https://www.acenet.
　　edu/Programs-Services/Pages/Communities/US-Japan-COIL-Initiative.aspx（最終アク
　　セス 10-24-2022）

Beelen, J., & Jones, E.（2015）. Redefining internationalization at home. In A. Curai, L. Matei, R. Pricopie, J. Salmi & P. Scott（Eds.）, *The European higher education area: Between critical reflections and future policies*（pp. 67-80）. Dordrecht: Springer.

Brooks, R., & Waters, J.（2011）. *Student mobilities, migration and the internationalization of higher education*. Basingstoke: Palgrave Macmillan.

Burgess, Ch.（2015）. To globalise or not to globalise? 'Inward-looking youth' as scapegoats for Japan's failure to secure and cultivate 'global human resources', *Globalisation, Societies and Education, 13*（4）, 487-507.

Chapple J.（2014）"Global Jinzai," Japanese Higher Education, and the Path to Multiculturalism: Imperative, Imposter, or Immature?. In: Shimizu K., Bradley W.S.（eds）*Multiculturalism and Conflict Reconciliation in the Asia-Pacific*. Palgrave Macmillan, London.

Crowther, P., Joris, M., Otten, M., Nilsson, B., Teekens, H., & Wächter, B.（2001）. *Internationalisation at home: A position paper*. Amsterdam: EAIE.

Daily Yomiuri. 2012. "Scholarship Fund to Grant ¥1 mil. Aid for Study Abroad." Daily Yomiuri, June 2. p. 3.

De Wit, H.（2010）. Internationalisation of higher education in Europe and its assessment, trends and issues. Nederlands-Vlaamse Accreditatieorganisatie（NVAO）. Retrieved from http://www.nvao.net/page/downloads/Internationalisation_of_Higher_Education_in_Europe_DEF_december_2010.pdf（現在参照不可）

Freire, P.（2005）. *Pedagogy of the oppressed*. London: Continuum.

Grimes-MacLallen, D.（2017）. Challenges for study abroad in contemporary Japan: Inward-looking youth or cost-conscious consumers? *Study Abroad Research in Second Language Acquisition and International Education, 2*（2）, 147-174.

Gunter, A., & Raghuram, P.（2018）. International study in the global south: Linking institutional, staff, student and knowledge mobilities. *Globalisation, Societies and Education, 16*（2）, 192-207.

Hammer, M.（2012）. The Intercultural Development Inventory: A new frontier in assessment and development of intercultural competence. In M. Vande Berg, R.M. Paige, & K. H. Lou（Eds.）, *Student Learning Abroad*（Ch. 5, pp. 115-136）. Sterling, VA: Stylus Publishing.

Harrison, N.（2015）. Practice, problems and power in 'internationalisation at home': Critical reflections on recent research evidence. *Teaching in Higher Education, 20*（4）, 412-430.

Hudzik, J.K.（2011）. *Comprehensive Internationalization: From Concept to Action*. Washington, D.C.: NAFSA: Association of International Educators.

Kantei.（2013）.「日本再興戦略」改訂 2014 ―未来への挑戦―. https://www.kantei.go.jp/jp/singi/keizaisaisei/pdf/honbun2JP.pdf（最終アクセス 11-10-2022）

Knight, J.（2004）. Internationalization remodeled: Definition, approaches, and rationales. *Journal of Studies in International Education,8*（1）, 5-31.

Knight, J.（2006）. *Internationalization of higher education: New directions, new challenges*. Paris: IAU.

Knight, J.（2008）. Internationalization: A Decade of Changes and Challenges. *International Higher Education*,（50）. https://doi.org/10.6017/ihe.2008.50.8001（最終アクセス

11-30-2022）

Leask, B.（2004）. Internationalisation outcomes for all students using information and communication technologies（ICTs）. Journal of Studies in International Education, 8 （4）, 336-351.

MEXT. 2014. "Nihonjin no Kaigai Ryūgaku Jōkyō oyobi Gaikokujin Ryūgakusei Zaiseki Jōkyō Chōsa [The Situation of Japanese Foreign Students Studying Abroad and Foreign Student Enrolment Survey]." http:// www.mext.go.jp/a_menu/koutou/ ryugaku/1345878.htm.（最終アクセス 03-25-2022）

Ministry of Economy, Trade and Industry [METI]（2011）. *Mid-term report from the council on the promotion of global human resources.* http://www.meti.go.jp/policy/ economy/jinzai/san_gaku_kyodo/sanko1-1.pdf.（現在参照不可）

Mittelmeier, J., Rienties, B., Rogaten, J., Gunter, A., & Raghuram, P.（2019）. Internationalisation at a Distance and at Home: Academic and social adjustment in a South African distance learning context. *International Journal of Intercultural Relations, 72,* 1-12. j. ijintrel. 2019. 06. 001

Mittelmeier, J., Rienties, B., Gunter, A., & Raghuram, P.（2020）. Conceptualizing Internationalization at a Distance: A "Third Category" of University Internationalization. *Journal of Studies in International Education.*

OECD.（1996）. Internationalizing the curriculum in higher education. Paris: OECD press.

Peng, S. Y.（2010）. Impact of Stereotypes on Intercultural Communication: A Chinese Perspective. *Asia Pacific Education Review 11,* 243-252.

Pollock, S.（2012）. Cultivating "global jinzai" critical to Japan's international suc- cess. Turnstone Ventures. Retrieved from http://www.turnstoneventures.com/ cultivating _global_jinazi.html.（最終アクセス 11-30-2022）

Ramanau, R.（2016）. Internationalization at a distance: A study of the online management curriculum. Journal of Management Education, 40 （5）, 545-575.

Rubin, J. & Guth, S.（2015）. Collaborative online international learning: An emergent format for internationalizing curricula. In A. S. Moore & S. Simon（Eds.）, *Globally Networked Teaching in the Humanities Theories and Practices*（pp. 15-28）. New York: Routledge.

Salisbury, M., An, P. & Pascarella, E.（2013）. The Effect of Study Abroad on Intercultural Competence Among Undergraduate Students. *Journal of Student Affairs Research and Practice 50*（1）: 1-20.

Shiozaki, H.（2016, January 21-22）. *Collaborative Online International Learning（COIL）for Critical Reading of Media: Collaboration between IIUM and Kansai University.* Paper presented at the International Language and Tourism Conference, Kuala Lumpur, Malaysia.

Shonfeld, M. & Gibson, D.（2019）. *Collaborative learning in a global world.* Charlotte, NC: Information Age Publishing.

Stigger, M. Wang, D. Laurence, & A. Bordilovskaya.（2018）. *Internationalization within higher education: Perspectives from Japan.* Tokyo: Springer.

Tait, A.（2018）. Open Universities: The next phase. Asian Association of Open Universities Journal, 13 （1）, 13-23.

Vygotsky, L. S.（1978）. *Mind In Society: Development of Higher Psychological Processes*.
　　Harvard: Harvard UP.
World Economic Forum, 2020, 'The future of jobs report 2020', World Economic Forum
　　https://www3.weforum.org/docs/WEF_Future_of_Jobs_2020.pdf（最終アクセス
　　11-30-2022）
Wyckoff, A.（2013）. Knowledge Is Growth. OECD Forum. Accessed January 9, 2022.
　　http://www.oecd.org/forum/knowledge-is-growth.htm.（最終アクセス 11-30-2022）

第6章　COIL 型協働学習実践の効果検証①
測定対象の能力・スキル

バイサウスドン・池田佳子

1. はじめに─国際教育プログラムの効果検証の問題点─

　教育の取組の「効果検証（impact evaluation）」は、その教育提供者及び関係従事者にとって大変重要なテーマであるとともに、長年にわたるチャレンジでもある。効果検証とは、一般的な事業の PDCA サイクルの検証（C：Check）と見直し（A：Action）を進める上で不可欠な作業である。どのような事業であっても、限られた予算や労力の中で事業を効果的かつ効率的に進めていく必要がある。COIL 型教育実践についても、例えば 3 万人規模の大学である関西大学において、全員に対して提供する（べき）経験であるのか、それともどのような層に対してどういった効果を目指し提供するべきものなのか、見定める上でも重要な情報となる。ビジネスにおける事業などと異なり、教育実践の取組は、計画（P：Plan）と対策の実行（D：Do）が確実に実行される一方で、この効果検証と次期計画への反映が十分に実行されていないことが多い。国際教育に分野を限って言えば、留学プログラム（例えば「海外インターンシッププログラム」「交換留学プログラム」）や、日本人学生と留学生をペアアップする「バディシステム」などといった取組について、参加した学生にアンケートを取り満足度を申告させるといった程度で完了してしまうというケースが典型的である。

　なぜ効果検証が不十分なものになるのか。その原因はいくつか考えられる。1 つは、これらの教育の取組において、「KPI（Key Performance Indicator）」や「OKR（Objectives and Key Results）」の尺度がそもそも漠然としか設置されていないことが多いという問題がある。派遣留学等のプログラムは、参加する学生の層が多岐にわたる。学年も異なれば、留学

前のスタートラインが個人個人でバラバラであることが多い。一定値として KPI を無理やり定めたとしても、必ずしもその尺度が本当の意味で取組の効果を検証する妥当性・有効性がない場合、その数値を持って評価を下すことはむしろ間違った結論にいたってしまう。例えば、「何名の日本人学生が COIL 型教育に参加したのか（参加者数）」を KPI として取り上げたとする。参加者数は、2018 年からスタートし 2022 年度に最終年度を迎える COIL 型教育を推進した文部科学省事業「世界展開力強化事業」の効果もあり、うなぎのぼりに上昇している。2020 〜 2021 年度のコロナ禍期のピーク時には、1 つの大学機関で年間 3,000 人を超える日本人学生が参加したという報告もある（Ikeda 2021）。この上昇傾向の数値は、COIL 型教育により学習効果も高まったことを安直に示しているわけではない。筆者らは、実践の導入自体と、学習効果の関係性は非常に間接的であり、かつ因果推論を行うには弱い議論であると考えている。学生の移動や派遣留学がままならないといった外部要因の影響が大きく、また、教育実践自体の質にかかわらず COIL を実施したという事実のみで参加者数を換算した結果であることなどが、その根拠である。

　今 1 つの問題は、より直接的な効果検証として対象とするべき「学習効果」を測定すること、その評価手法が、国際教育分野において、予想以上に複雑であるという点があげられる。国際教育実践を経験した参加者（学生）は、例えば「短期派遣留学」で、何を学んだのか、どんな能力を習得したのか。帰国して学生達から話を聞いたり、事後の彼らの言動を観察してみても、語学運用能力の他に、世界観や価値観、考え方の変化があったり、異文化対応能力の成長を感じたり、もしくは以前は気にも留めなかった問題に気づき心に抱えていたり、といった、いわば「可視化が難しい効果（変容）」があるだろう。このような側面をどう検証の対象項目として取り上げ、そして教育実践のもたらす効果の検証の材料として生かすことができるのか。この問いへの解は、そうシンプルに提示することができないものである。

　国際教育プログラムにおける効果検証は、汎用的な傾向を見定めること

が非常に難しい。例えば、COIL という教育実践がどのように授業の各モジュールにおいて落とし込まれているかで、同じ教育手法として分類されていても、異なる活動が行われ、その結果学習者の学びとして見えてくる検証結果も、ケース毎の特異性に起因する要素が多く存在する。

　留学の効果を検証する動きは、2010 年代に入り 国内でも展開した。「留学生交流支援制度 / 海外留 学支援制度評価・分析」（JASSO2015）や、「グローバル人材育成と留学の長期的インパクトに関する国際比較研究」（横田 2016）は、大規模なサーベ イ調査を行い、分析を報告したものである。これらの事例は留学プログラム参加者本人の「自己評価」「自己申告」に基づく研究となっており、客観性 に欠けるとの指摘もある（西谷2017）。留学プログラム開始前の学習者の状態の調査を行っていないものが多いため、留学体験を挟んだ事前と事後、つまり「T1 − T2 比較」による成長の測定にはなっていない先行事例が非常に多い。

　本章では、関西大学において数年にわたり試行錯誤し検討してきた、COIL 型教育実践の効果検証の手法について共有し、その中でも特に融合的な活用を行うと効果的であると考える 2 つのテスト（心理テストツールBEVI と社会人基礎能力調査ツールである GPS-Academic）を取り上げ、関西大学の COIL 型教育プログラムにおいて行ってきた分析の結果を交えながら考察を行う。

2.　COIL 型教育実践が醸成したい能力

　COIL で育成したい能力は何か。この問いへの回答は、実践を採用する側によって様々であろう。関西大学で 2014 年頃に始まった際、実質的に講師を担当していた筆者（池田）が考えていた能力は、デジタルリテラシーの向上であった。テクノロジーを活用したブレンデッド学習が今よりももっと立ち遅れている一方で、どんどんと Web2.0 ツールをはじめ日常使いができる ICT が利用可能になっていた時で、大学生が卒業時に伴うべき素養（国際教育分野では "Graduate Attributes" と呼ばれることが

ある）の不可欠な項目としてデジタルリテラシーを重要視したからである。あれから十年弱を経て、COIL を通して培いたい素養の幅は大きく広がった。英語をはじめとした外国語運用能力の向上も、その 1 つの項目となった。さらには、世界の情勢が刻一刻と変化し、自国保守に走る大国や紛争が起こる中、「地球市民教育（Global Citizenship Education）」や、SDGs の理解の重要性といった、国際教育の享受が目指すべき学習目標は、目の前のアウトプットだけでなく、グローバル社会への貢献といったアウトカムをより意識したものとなった。

　コロナ禍という大きな変換期も経た 2022 年現在、関西大学（IIGE）が重視する育成すべき能力をあえて大別すると、3 つ挙げることができる。すなわち相互行為能力（Interactional Competence　以下 IC）、異文化間対応能力（Intercultural Competence　以下 ICC）、そして転移可能能力（Transversal Competencies　以下 TVC）である。それぞれのスケールは異なっている。IC はすべての基礎能力であり、それを礎に ICC、そして21 世紀スキルともいわれる TVC を伸ばしていくという位置づけである。つまりこの 3 つの能力は互いに連関しており、どの側面においても伸ばしていく必要がある。COIL 型実践教育は、その建付けをしっかりと設計することで、これらすべての能力を涵養することができる。本章ではこれらの能力について解説を行っていく。

3.　相互行為能力（IC）とは

　相互行為能力とは、話者同士で共有された規範や言語、そして非言語素材などを「資源」として活用し、何かしらの行為や活動を相手にそれとわかる形でコミュニケーションを構築することができる能力を指す（Hall 1995; Young & He 1998）。平たく言えば、会話がうまくいくかどうかというのは、自身が知識・スキルを持っているかだけではなく、会話の中でいかに相手と関係性を構築できるかにもかかっているため、その関係構築を行うためには特別に能力が求められる、ということである。この能力を

図1　教室で実施する COIL の一場面（身体的な非言語資源の活用）I-Paper
　　March 2020 から抜粋

IC と言う。言語学やコミュニケーション学分野においては、IC 以外にも
communicative competence や pragmatic competence といった概念が考
察されている。しかし、これらの従来の概念はあくまで個人が保有してい
る知識やスキルとしての範疇で議論される。他者に対峙した中でしか発揮
されない能力である IC は分析が困難だと思われてきた節もあり、人のコ
ミュニケーション能力を再考しようという動きは、応用言語学などの分野
で「会話分析」「エスノメソドロジー」などの分析手法が活用され始めよ
うやく着目され始めた（片岡・池田・秦 2017）。
　IC は、COIL のように海外のピアと協働学習を行う実践の場合、活動を
前進させていく力として学生それぞれに必要とされる能力となる。双方向
でコミュニケーションを取り、チーム形成を行うという行動の重みが、
COIL 実践と、例えば対面で教室等で行うアクティブラーニングでは異
なってくる。COIL は原則すべてオンラインで活動を進める。物理的に同
じ空間で作業を行わないため、言葉の力、コミュニケーションを豊かにし
なくては成功しない。文脈に多くを依存し、互いの言わんとすることを
「察する」ことを期待する「高コンテクスト文化」に慣れ親しんだ日本人
学生の場合、この物理的な共生を伴わないコミュニケーションを COIL 実
践で初めて体験するのである。IC は、例えば、ジェスチャー、表情、そ

して体勢はすべて、豊かな相互作用の資源として活用するものである。Zoom のような ICT を介したやり取りの場合、これらの「資源」が、従来の対面場面と同様に作用しない場合もある。Bysouth & Ikeda（2019）では、Virtual Interactional Competence（バーチャル空間における相互行為能力）として新たに取り上げて考察を行っている。

4. 転移可能能力（Transversal Skills 以下 TVS）とは

　ユネスコは、TVS を「特定の仕事、タスク、学問分野、知識分野に特に関連しないと一般的に考えられているスキルで、様々な状況や仕事の場面で使用できるもの（例えば、組織的なスキル）」と定義している。これらのスキルは、特定の分野や職務に特化したものではないため、「ソフト」または「転移可能」とも呼ばれる。また、「Transversal」という言葉は、これらのスキルがさまざまな仕事や役割を「横断」することを意味している。ユネスコは、転移可能能力として 6 つのカテゴリーをあげている：

　　① 批判的・革新的思考
　　② 対人関係能力
　　③ イントラパーソナルスキル
　　④ グローバル・シチズンシップ
　　⑤ メディアと情報リテラシー
　　⑥ その他（問題解決、コミュニケーション、チームワーク、リーダーシップ等）

　これらを「21 世紀型」「伝達型」「社会性・情緒型」のスキルと呼ぶ人もいる。ユネスコ・アジア太平洋地域教育局（ユネスコ・バンコク）は、アジア太平洋教育研究機関ネットワーク（ERI-Net）による継続的な研究を通じて、これらのスキルや能力を指す言葉として「トランスバーサル・コンピテンシー（TC）」を採用した。本書では、コンピテンシーではなく

「スキル」として統一して記載し、TVS とする。

　TVS は、一度のワークショップなどで習得できるわけではない。日々の学習の中でいかに効率的に学ぶかが重要なポイントである（山内・中川2012）。そして経験から効率的に学ぶための鍵はスキルの意識化にあるとされている。TVS のリストやそれに基づくトレーニングで、その転移可能性を意識化させる。「明示されているから意識化できる」という直接的な効果があると共に、「このスキルが TVS なら、あのスキルも転移できるのではないか」といった、自身の持つスキルへの探索と意識化を促進させることができる。TVS（または Transversal Competence）の概念は、まず欧州で積極的に議論されてきた。欧州各国では未曾有の失業率の高さにもかかわらず、32% の雇用者がいわゆる「コンピテンス・ギャップ」による求人難に直面しており、欧州の ICT 分野では約 50 万 9,000 人の求人が登録されている。競争の激しい欧州の労働市場では、雇用適性の鍵となる横断的な能力（TVS）の向上が求められているが、若年層や成人の学習者、求職者、労働者の多くは、その機会を得ることがなく、必要に応じた能力を向上させることができていないという指摘もある。

　また、これらの能力を持っていることを可視化させなければ雇用可能性（エンプロイアビリティ）も向上しない。この可視化（どのように TVS を評価すればよいのか）も、未だ探求途中であるのが、現状である。

　多くの国で、教育政策や教育計画に横断的なコンピテンシーの重要性が反映されはじめている。多くの国では、国や地域のカリキュラムのさまざまな分野で、これらの分野の教育を明確に取り入れている。また、教師の初期準備や継続的な専門的能力の開発において、これらの側面に焦点を当てた教育を行うよう取り組んでいる国もある。しかし、これらのコンピテンシーがどの程度まで評価されているのか、あるいは評価できるのかについては、あまり明確ではない。例えば、どのようにして学生の「共感力」や「チームワーク力」の程度を評価できるのか。試験やその他のテストは、「創造性」や「起業家精神」といった抽象的な領域の能力や素質を信頼できる方法で実際に測定できるのか。この評価の課題は、本章と次章で

取り上げるテーマの根幹となる問題である。

　今や必須となった IT（情報技術）分野でも、就職志願者は「対人イン
タラクションスキル」を採用担当者から強く求められている。問題解決能
力や文化対応能力と並び、サービス業において最も求められるスキルでも
ある。新しい価値の創造には、クリティカルシンキングに加え、コミュニ
ケーションに関する能力が重要であることが、どの業界においても認識が
高まった。TVS は、総合的に人のエンプロイアビリティを向上するので
ある。大学から就職先への移行においては、技術的・専門的スキルに加え
て、コミュニケーション、組織化、時間管理、チームワーク、コンフリク
トマネジメントなどの個人的・社会的コンピテンシーが重要である。
Santos 他（2020）は社会的・感情的コンピテンシーの成長率は、「アカデ
ミック・専門的コンピテンシーに次いで高いスキル」であり、「高等教育
機関は、TVS の涵養を効果的な方法で考慮することが望ましい」と述べ
ている。現代社会がさらに複雑な状況へと変化している今、より TVS が
重視されてきていることは、看過すべきではない。Belchior-Rocha 他
（2022）は、高等教育機関にとって、社会的責任のある市民として貢献し、
効果的に対処できるよう卒業生達を準備することは、大変重要不可欠な責
任である一方で、TVS を学ぶプロセスを、いかにして新卒者の生活能力
の向上も視野に入れ、日常的な教育活動の中に取り込むか、がとても大き
な課題であると指摘している。教育カリキュラムの学習目標やそれらを実
装する活動などの具体的な落とし込みをしっかりと組み込んだ授業設計に
は、教育工学やインストラクショナルデザインといった専門的な教育の知
識が必要となる。いわば「TVS の教え方」を大学の教育者層が十分なト
レーニングを受けていることは珍しく、この点は今後焦点化した新たな取
組が必要となってくるであろう。

5. 異文化間対応能力（intercultural competence　以下 ICC）とは

　ICC は、多文化共生社会に求められる実践的な能力を包括的にとらえた

概念である。教育界のみならず、産業界においても昨今は頻出するキーワードとなっている。しかし一方で、その意味や定義については十分に把握されていないのが現状である。近年最も頻繁に用いられているものは、"intercultural competence" であるが、それ以外にも "intercultural awareness" "cross-cultural sensitivity" 等、多様な言い方が分野において使われてきている。この定義の不統一性も、理解の遅延の1つの要因となっていると考えられる。

　ICC は、日本では一般的に「異文化理解力」と訳されることが多いが、本書では Association of American Colleges and Universities（米国大学連盟）が制作し国際的に広く認知されている VALUE ルーブリック評価基準の中で定められている「異文化知識・対応能力」が最も適当な定義であると考える。VALUE ルーブリックによると、異文化知識・対応能力は「様々な文化的背景を持つ人々との効果的かつ適切な交流・関わりを可能にする一連の認識・情緒的・行動的能力及び特性」（Bennett 2008）と定義されている。「理解力」がいくらあったとしても、行動として実装できない場合、コンピテンシーとしての段階はまだ先へ進むべき過程が残っている。この位置づけから、本書では「異文化間対応能力」を重視し、議論を進める。

　異文化間対応能力に加えて、本書で関連が深いのは「異文化間コミュニケーション能力（Intercultural Communicative Competence）」である（Byram 1997）。異文化間コミュニケーション能力は、異文化間対応能力と同様に、異なる文化を持つ他者との交流の際に必要な能力として捉えられている。主に言語媒体を介して行われる意思疎通の場面を主軸に異文化間対応能力の具体的な研究や考察も多く世に出ている。この能力のとらえ方も、世界の地域ごとの事情などが反映され、重視される側面に特徴がある。例えば、米国の異文化間コミュニケーション研究は、言語（外国語）を重視しない傾向にある（鳥飼他 2021）。これは、欧州と比較すると大きく異なっている。欧州では、域内全体の共通語は存在せず、全加盟国の公用語や国語を公用語とする。米国では、公式に連邦レベルでの公用語とは

されていないものの、英語という事実上の公用語が存在する。これが、ア
メリカを中心に展開を見せた異文化間対応能力と、欧州を中心に研究が進
んだ異文化間コミュニケーション能力の広がりの相違の根幹となっている。
　異文化間対応能力と共に言及しておくべき概念が「異文化適応能力」で
ある。ある特定の異文化に対して柔軟に適応する能力として定義され、外
国人材の日本社会・日本企業での適応プロセスや、海外駐在などの職務に
あたる日本人社員、そして海外留学を経験する学生などが、自分の置かれ
た異文化環境や異なる価値観などを受容することができるようになる過程
で、「適応能力が高まる」といった捉え方をする。適応能力は、Lysgaard
(1955) が提示した異文化適応の曲線モデルがよく知られているところで
ある（**図 2**）。その適応段階は、はじめに異なる環境（異文化）に身を置
いたときからの変化のプロセスとして、大きく 4 つに分けられる。最初の
ステージは、新しい文化の中に入った直後で、気分が高揚している「ハネ
ムーン期」と言われる。異文化に魅了され、見るもの、聞くものがすべて
素晴らしくバラ色に見える時期である。観光などの、短期間において経験
する感情などは、このハネムーン期に相当する。次に新しい環境に慣れて
くると、徐々に現実問題に直面するとともに文化的な衝突を感じることが
増える。すると、異文化に対する敵対心や攻撃的な気持ちを抱くようにな
ることがある。この時期が U の字の底にあたる部分で「ショック期（不
適応期）」と言われる。この時期に、異文化に対していわゆるアレルギー
反応を起こす「カルチャーショック」が起こる。3 つ目の段階が、ショッ
ク期を乗り越えて新しい文化、異文化に慣れてくる「回復期」、そして最
後が現地の文化や環境を受け入れて順応する「適応期」と続き、U カーブ
の曲線が完成する。W カーブは、しばらく異文化に身を置いた後、自国
に戻ったときに起こりうる心理的変化プロセスを描いている。離れていた
自国の文化に対して違和感を覚え、「リエントリーショック」を体感する
場合がある。U カーブのプロセスの後に、自文化に対しても同じように U
カーブのプロセスを経ることがある。
　この異文化適応のプロセスの中で、どの程度異文化を取り入れて適応す

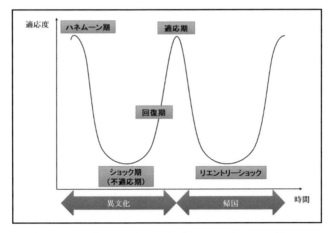

図2　異文化適応のプロセスを示す曲線モデル（UカーブとWカーブ）

るのか、その度合いも様々であることも研究がなされてきた。最も認知度が高く共有されているのが Perry（1970）の提示する4つの反応パターン（「統合」「同化」「分離」「周辺化」）である。「統合」は、自分の文化を保持しながら新しい文化を取り入れていく態度を意味する。「同化」は、自分の文化の保持をせずに新しい文化に丸ごと適応していく態度であり、「分離」は自分の文化を維持し、新しい文化との関わりを避ける態度を意味する。「周辺化」は、自分の文化の保持もせず新しい文化への適応にも無関心である態度のことを言う。例えば、中華圏出身の移民層が世界中に中華街（チャイナタウン）を形成したが、自国の出身の者同士で集まることなく、移民先の言語や文化に速やかに同化していったケースもある。このように、「異文化適応」は、本章で取り上げている「異文化間対応」とはすこし視点が異なっている点は言及しておく必要がある。異文化間対応の能力は、対峙する異文化に対して自分がどう感じるか、といった判断を行わないことがまず重要となる。異なりを受け止め、自文化も他文化も相対的に認識し、そして自分自身の心理的なプロセスをうまく制御・取り扱いながらも、遂行するべき目的を達成するために行動できる力を意味する。「適応」するのではなく、「対応」する能力は、多様な価値観や背景を

持ち込む個々と共生・共存しなくてはいけない次世代社会において大変需要かつ土台となるものである。

　異文化間対応能力の基盤となるのが、「異文化感受性発達モデル」である（Bennett 1986, 1993）。本モデルは、第 2 章でも掲載済であるためここでは割愛する。異文化に接触した際に、人がどのようにその異なりに対する対応の行動規範・根拠となる価値観が、自分の文化（生まれ育ち、慣れ親しんで植え付けられてきた考え方、規範、価値観等）中心であるか、または自分の文化以外にも接触し、それぞれの文化を相対的・中立的に受け止め扱うことができるようになっているか、という成長度合いがこの発達モデルによって可視化されている。この発達モデルの境目となるのが、minimization（違いの矮小化）と、acceptance（違いの受容）の段階となる。異なりから目を背け、「人はみな同じ」とみなして行動する心理は、未だ自文化の価値観から脱皮することができていない状態である。一方、違いがあることを認識でき、その違いの存在を尊重できる段階になり、ようやく自文化の呪縛から解き放たれる。この「受容」を促すためには、単に異文化背景を持つ者と接触の機会を増やす以上の働きかけが必要となる。例えば、教育的な介入により、個々が自分の心理プロセスを振り返り異文化接触の体験から学びを昇華させることが必要となる。これらの過程を経て、違いを受け入れるだけではなく、異文化状況においても理解した上で合わせることができるようになり、また複数の文化を統合し自分自身を形成する要素として取り込んでいくこともできるようになっていく。異文化間対応能力（ICC）の発達段階をより高めることは、COIL 実践をはじめとした国際教育における根幹ともいえる学習目標の 1 つである。

6.　おわりに

　国際教育における実践の効果を検証する上で、本章でとりあげたスキル・能力が醸成されているかどうか、そしてどのような学生層に対してどのような発達経過が観察できるのかを調査することは大きな意義がある。

一方で、その評価の手法は、アンケート等の自己申告型のものが主流であり、不十分であったことも事実である。次章では、本章で解説したような能力の向上を見定める上で適性がある評価ツールをいくつか紹介し、関西大学の COIL 型教育の履修者層の結果を事例としてあげて考察を進めていく。

参考文献

片岡邦好, 池田佳子, 秦かおり（2017）.『コミュニケーションを枠づける―参与・関与の不均衡と多様性』くろしお出版.

鳥飼玖美子・野田研一・平賀正子・小山亘（2021）.『異文化コミュニケーション学への招待』みすず書房.

西谷 元（2017）.「留学効果の客観的測定・プログラムの質保証― The Beliefs, Events, and Values Inventory（BEVI-j）―」『高等教育研究叢書』3（137）、pp. 45-70.

山内保典・中川智絵（2012）「イギリスの大学における Transferable Skills Training の取り組み：日本の科学技術関係人材育成への示唆」『科学技術コミュニケーション』12 号, pp. 92-107.

横田雅弘（2016）.『グローバル人材育成と留学の長期的インパクトに関する国際比較研究』http://recsie.or.jp/wp-content/uploads/2016/04/Survey-on-study-abroad-impact_final20170529（最終アクセス 01-16-2023）

Assessment of transversal competencies: policy and practice in the Asia-Pacific region. https://unesdoc.unesco.org/ark:/48223/pf0000246590（最終アクセス 04-09-2022）

Belchior-Rocha, H.; Casquilho-Martins, I.; Simões, E.（2022）. Transversal Competencies for Employability: From Higher Education to the Labour Market. *Education Science*. 12, 255. https:// doi.org/10.3390/educsci12040255（最終アクセス 04-09-2022）

Bennett, M.（1986）. A developmental approach to training for intercultural sensitivity. International Journal of Intercultural Relations, 10, pp. 170-98.

Bennett, M.（1993）. Towards ethnorelativism: A developmental model of intercultural sensitivity. In R. M Paige（ed.）Education for the intercultural experience（pp. 21・71）. Yarmouth, ME: Intercultural Press.

Bennett, M.（2008）. Transformative training: Designing programs for culture learning. In *Contemporary leadership and intercultural competence: Understanding and utilizing cultural diversity to build successful organizations*, ed. M. A. Moodian, pp. 95-110. Thousand Oaks, CA: Sage.）

Byram, M.（1997）. Teaching and assessing intercultural communicative competence. Clevedon: Multilingual Matters.

Bysouth & Ikeda（2019）. Exploration of Collaborative Online International Learning : Interactional and Intercultural Competence in Technologically Mediated Education Settings.『関西大学高等教育研究』vol. 10. pp. 113-121.

Hall, J. K.（1995）.（Re）creating our worlds with words: A sociohistorical perspective of face-to-face interaction. *Applied Linguistics*, 16, 206-232.

Ikeda, K. (2021). *IEUP Japan-U. S. Initiative.* Presentation at American Council on Education Annual Conference March 24, 2021. (Online Presentation).

I － Paper (IIGE 白書). March 2020 Issue.
https://www.kansai-u.ac.jp/Kokusai/IIGE/jp/resources/whitepaper.php (最終アクセス 04-07-2022)

Lysgaard, S. (1955). Adjustment in a foreign society: Nornegian Fulbright grantees visiting the United States. *International Social Science Bulletin* 7 (1), pp. 45-51.

Perry, W. G. (1970). *Form of intellectual and ethical development in the college years.* New York : Holt, Rinehart & Winston.

Santos Rego, M. A.; Ferraces, M. J.; Mella, I.; Vázquez Rodriguez, (2020). A. University, civic-social competences and the Labor market. *Review of Española Pedagogy.* 78, pp. 213-232.

Young, R., & He, A. W. (Eds.) (1998). *Talking and testing: Discourse approaches to the assessment of oral proficiency.* Amsterdam and Philadelphia: John Benjamins.

第7章　COIL 型協働学習実践の効果検証②
検証ツールと事例の共有

バイサウスドン・池田佳子

1. はじめに

　本章は、前章において考察をすすめた COIL 型教育実践がもたらす（べき）スキル・能力をどう評価し可視化することができるかを問いとして、関西大学 IIGE が試行錯誤した末に採用を行った 2 つのテスト（GPS-Academic と BEVI）を紹介し、実際の検証事例を提示する。IIGE では多様なテストツールの活用を検討してきた。能力測定を謳うツールとして、現場の実働担当者の立場に立ち実際の学生の伸長を評価する。

2. GPS-Academic の応用による検証結果事例
―関西大学 COIL プログラムの場合―

2.1　GPS-Academic とは

　「客観評価」「主観評価」「学生意識アンケート」の観点より学生を多面的に評価するテストツールである。社会人基礎能力（経済産業省）の概念に合わせ、「考え抜く力」「他者と関わり合いながら働く力」「前に踏み出す力」といった側面を、それぞれ下位概念へと分岐させ（**図1**）、それぞれの概念をさらに細分化し（**表1**）、実際の問題を解いて回答する直接評価手法と、自らを評価し申告する間接評価手法を併用したツールとなっている。

　GPS-Academic の実際の運用において、IIGE が評価している点が、受検者本人である学生達への魅力作りと、テスト受検への動線作りである。このテスト受検がどのような意味があるか、どんなところで活用できるかといった特徴を、アニメーションや動画を用いてわかりやすく解説をしてくれているので、担当講師側の導入作業において非常に助かる。さらに、

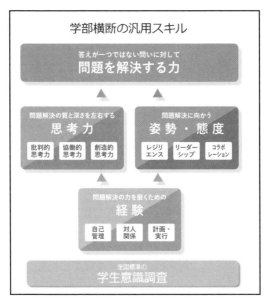

図1　GPS-Academic が調査する汎用スキル（㈱ベネッセ i- キャリア資料）

直接評価	考え抜く力 **思考スキル**	**思考力総合スコア** （問題を解決する思考スキル）	批判的思考力	情報を抽出し吟味する力 ★論理的に組み立てて表現する
			協働的思考力	他者との違い、共通点を理解する力 ★社会に参画し人と関わる
			創造的思考力	情報を関連付ける力 ★問題をみいだし解決策を生み出す
	他者と関わり合いながら 働く力 **姿勢・態度**	**レジリエンス** （精神的なタフさ）	ストレス耐性	感情の制御
			回復力	立ち直りの早さ
			自己統制力、柔軟性	状況に応じ冷静に対応する
		リーダーシップ （物事に向かう前向きさ）	自主性、率先性	自ら先頭に立って進める
			チャレンジ精神、開放性	未知の物に挑戦する
			持続力、誠実性、勤勉性	粘り強くやり抜く
		コラボレーション （他者への働きかけ）	共感性	相手の立場に立とうとする
			外向性、親和性	他者と関わろうとする積極性
間接評価	前に踏み出す力 **経験**	**経験総合** （認識している問題解決の経験）	自己管理	挑戦する経験
				続ける経験
				ストレスに対処する経験
			対人関係	多様性を受容する経験
				関係性を築く経験
				議論する経験
			計画・実行	課題を設定する経験
				解決策を立案する経験
				実行・検証する経験
	何を学ぶか、どのように学ぶか どう活躍するか アンケート	**学生意識調査** 全国標準アンケート	新入生版	大学納得度・志望度、退学検討 教育力認識、大学観　など
			在校生版	大学満足度、カリキュラム評価、 イメージ変化、授業役立ち度、など
			＋大学独自設問	選択設問15問、自由記述3問

表1　GPS-Academic の検証項目と直接・間接評価手法の内分け
（㈱ベネッセ i- キャリア資料）

問題の事例を以下で紹介するが、思考スキル問題のみならず（**図2**）、姿勢・態度（**図3**）、経験（**表2**）の設問についても、学生にとって自身の理解を深める上でよいきっかけとなるアイテムが多い。テスト理論の中に、「ウォッシュバック効果」という概念があるが、テストが与える波及効果を副次的に期待できるため、高等教育機関において活用する上で適性が高いと言えるだろう。

関西大学のCOIL型実践教育の効果検証においてGPS-Academicの導

私たちの身の回りに存在する主要な温室効果ガスの一つとして，二酸化炭素（CO2）がよく知られている。
この濃度変化については，世界各国の協調のもとで組織的な観測・監視が行われている。
図1は，地球全体（全球）の地表面と上空における二酸化炭素濃度の月平均値の推移（2003年～2013年）をまとめたものである。

(1) 図1のグラフから考えると，下の(a)～(c)は，①「真」，②「偽」，③「情報不足」のいずれに該当するか。
①～③のうちからそれぞれ一つずつ選び，記号で答えよ。

①真：グラフから正しいと言えること。
②偽：グラフから誤りと言えること。
③情報不足：グラフからだけでは判断しきれないこと。

(a) 地表面における二酸化炭素濃度は，上空の二酸化炭素濃度よりも常に高い値を示す。
(b) 全球の二酸化炭素濃度の上昇が，地球温暖化の最も大きな要因となっている。
(c) 2003年から2013年までの11年間における二酸化炭素濃度の上昇率は，観測史上最も高い。

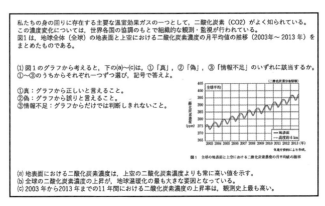

図2　思考力テスト問題の事例（GPS-Academic homepageから引用）

3つの設問から「最もよく当てはまるもの」と「最も当てはまらないもの」を選択する形式。すべての問に答えることにより、それぞれの姿勢・態度を診断している。

A.自分から先に立って物事を始める。

B.目標は常に高いところに置く。

C.頭の切り替えが早い

自分を良く見せるのが難しい設問設定

※反応歪曲、心理的バイアスを抑制する強制選択式を導入しています

図3　姿勢・態度出題事例（㈱ベネッセi-キャリア資料）

挑戦する経験	難しいと思えることでも挑戦した
続ける経験	自分の目標を達成するまであきらめずやり遂げた
ストレスに対処する経験	ストレスを感じたとき、その問題と向き合い克服した
多様性を受容する経験	自分の価値観で良し悪しを決めつけず、相手の立場や体験を尊重し付き合った
関係性を築く経験	チーム内でトラブルが起こったとき、自ら働きかけて問題を解決した
議論する経験	議論（話し合い）の場では何が課題で何を解決すべきかを明らかにするようにした
課題を設定する経験	良い評価（成績）が得られなかったとき、なぜその評価になったのかを考えた
解決策を立案する経験	チーム活動などで計画を考える際、どのくらい効果的か予測しながら決めた
実行・検証する経験	試験の結果が出たとき、結果の良し悪しだけでなく、どうすればさらに良くなるかを考えた

＊「とてもよくやった」「よくやっていた」「時々やっていた」「少しやっていた」「全然やっていなかった」の5段階で評価

表 2　経験　出題事例（㈱ベネッセ i- キャリア資料）

入を行ったのは、上記のような適性に加え、近年の国際教育分野における
エンプロイアビリティへの連関の必要性が高まっているという潮流を反映
させているという背景がある。「エンプロイアビリティ（雇用されうる能
力）やコンピテンス（能力）の中に国際的体験をどう明確に位置づけるか
という研究が十分に行われていない」といった指摘は、以前からもあっ
た。コロナ禍前の 2018 年には、UNESCO が教育の質保証とエンプロイア
ビリティに関する報告書を取りまとめており、高等教育は職場で役立つ技
能や能力を提供するのみならず、様々な雇用現場で活かすことができる広
大な知識の基礎も提供し、人脈や情熱、自信をもたらすべきであるとあ
る。学生の学習分野やバックグラウンドに関わらず、高等教育とエンプロ
イアビリティの関係は全ての学生にとって関連性の高い問題であり、この
連関を示すことは、教育機関の使命でもある。この動きを鑑み、COIL 実
践の交換検証の 1 つの切り口として、社会人基礎能力の養成に COIL が一
役買っているのかどうかを解明するため、本ツールを採用した。

2.2　検証時期

　何度かの試行の後、第 1 回のパイロット受検（T1-T2）を 2021 年度後
期セメスターに実施した。T1 となる COIL 科目体験前のプレ受検を 10 月

12 日〜 31 日、そしてポスト受検を COIL 終了後の 1 月 11 日〜 31 日で実施した。受検者数は 46 名である。

2.3　検証結果（パイロット-1 2021 後期 COIL 科目履修生の場合）[i]

　思考力総合スコアは、全体的な T1-T2 の有意差は見られなかったものの、50 点以上（東証一部上場企業内定者の平均スコアが 51.8）を獲得した層の増加（T1 13 名 T2 17 名）が観察できた。

　姿勢・態度スコアにおいては、**表 3** に示すように、リーダーシップスコアの伸びが顕著である。内定者・新入社員スコアにおいて一部上場企業内定者層の平均が 57.4 点であるが、COIL 履修者は 50 点以上が T1 時点で 32 名、T2 時点で 31 名と全体数の約 7 割が 50 点以上をマークしている。T2 時点では 70 点台の者も出てきており、低いスコア層も 30 点台がおらず 40 点台獲得者が増えるといった傾向が見られた。

　また、経験に関する設問（5 件の自己評価）に回答するスコアでは、**表 4** にあるように、問題解決に対峙したときの自分の経験を問う設問に対し、T1-T2 の比較をすると達成率が 70% 以上の層が増加していることがわか

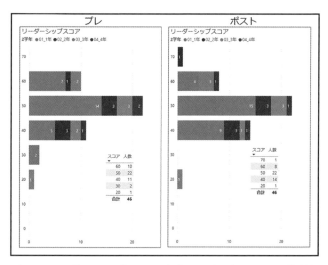

表 3　リーダーシップスコア（プレ T1 とポスト T2 の比較）

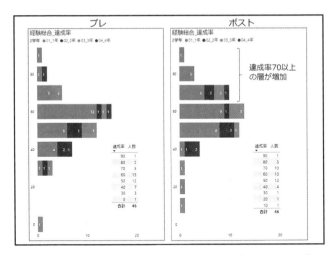

表 4　経験総合（自己管理・対人関係・計画・実行）スコア（プレ T1 とポスト T2 の比較）

	2回目	1回目	
	対人関係	対人関係	2回目-1回目_差
平均値	63.41	60.91	2.50
中央値	67.50	62.50	5.00
標準偏差	16.98	16.88	0.09
最大値	90.00	95.00	-5.00
第3四分位数	75.00	72.09	2.91
第1四分位数	67.50	62.50	5.00
最小値	16.67	5.00	11.67

表 5　経験（対人関係）スコア（プレ T1 とポスト T2 の比較）

る。特に、細分化して分析をすると、対人関係と計画・実行の達成率の向上がこの総合スコアを引き上げていることもわかる（**表 5**、**表 6**）。COIL の PBL（プロジェクト型学習）及び協働学習の形態の経験が、参加学生らの高い回答スコアへとつながっていると理解することができるだろう。

	2回目	1回目	
	計画・実行	計画・実行	2回目−1回目_差
平均値	61.52	55.51	6.02
中央値	63.33	56.67	6.66
標準偏差	16.54	17.23	-0.69
最大値	93.33	98.33	-5.00
第3四分位数	72.09	67.09	5.00
第1四分位数	63.33	56.67	6.66
最小値	13.33	10.00	3.33

表6　経験（計画・実行）のスコア（プレ T1 とポスト T2 の比較）

　また、ベネッセ i- キャリアの協力の下、それぞれの主要項目と、意識調査アンケート（学びの意欲）の回答とのクロス集計分析を行ったところ、以下のような点も特徴として洗い出すことができた。「考え方や立場の異なる様々な人と交流した」という項目に、「非常に当てはまる〜あまり当てはまらない」のリカートスケールで回答してもらった。思考力総合スコアが T2 で上昇した学生層と減少した層でクロス分析をしたところ、**表7**

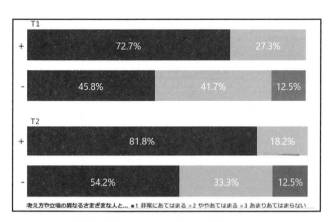

表7　思考力総合スコア x 学びの意欲
　　　考え方や立場の異なる様々な人と交流したい
　　　クロス集計分析結果（T1 T2 比較）

のように T1 でマイナススコアであった層でも、非常によく様々な交流をしたと感じている層が増えており、プラススコアであった層も大幅に増加している。

　思考力の向上が認められなかった層も、学びの意欲が高まっており、特に考え方等が異なる人との交流により積極的な志向を示していることが、このデータから解釈できる。この意欲についても、COIL 体験によって引き出された 1 つの効果であると考えられる。

3.　BEVI の応用による検証結果事例
　―関西大学 COIL プログラムの場合―

3.1　BEVI とは

　BEVI は、自己（Self）全体また自己の発達に 関わる心理学上の理論、Equilintegration Theory に基づき、1990 年代初頭から、Craig N. Shealy 教授を中心に開発が開始されたアンケー ト形式の測定ツールである（Shealy, 2016）。開発にあたっては、一般的な作業工程としてまず特定の概念・尺度を前提としこれらを測定するために質問項目を作成する、という手法をとらず、人々が重視する信条及び価値観から、概念・尺度を導き出すという手法が取られた（西谷 2017; Shealy 2016）。BEVI の因子構造は、幅広い学際的研究者や試験開発の専門家による分析、検討また研究が行われる中で形成されている。異文化交流体験の評価、またこれに限らず広く評価、研究の領域で柔軟に使用できるように、BEVI は次の 4 つの分野の情報・質問から構成されている。

　　1）広範囲の人口統計学的情報と背景情報
　　2）経歴に関する質問
　　3）信条、価値観、世界観の総合評価（2 つの妥当性と 17 の「プロセススケール」）
　　4）3 つの質的「経験的内省」項目

　BEVI は量的な評価と質的な評価が 1 つのツールにまとめられている。BEVI が測定できる側面で、他外部テストと異なる点は、BEVI が特定の出来事や背景的要素が、自分や他者や大きな世界に対する特定の見方とどのように関連しているのか、そして、この関係性は、例えば海外への派遣留学や海外とのオンラインでの協働学習など、何か特別な経験をした際、学習または成長の可能性をどのように媒介または緩和するのか（西谷 2017）といった問題への回答が出ることである。BEVI は、人間の「総合プロファイリング」である。人が学習や成長、発達のための経験に参加する前に「その人がどういった人なのか」を把握し、また、ある経験（例えば COIL や COILPlus）の結果として「その人がどのように変わったか」を、さらにこうした因子がどのように相互作用して学習、成長、発達または変化の可能性を高めた（または低めた）か、を理解しようとするものである。BEVI は基本情報（40 項目）及び質問（185 項目）から構成され、質問項目は 1 ページあたり 20 項目からなり、それぞれ 4 肢の回答から最も適したものを選びながら進める。BEVI に対する回答の分析は、サーバー上の BEVI プログラムにより自動的に行われ、個人レポート及びグループ・レポートが生成される。個人レポートは、BEVI の全ての質問への記入終了後、基本情報において登録したメールアドレスに個人レポート・ページへのリンクが自動的に送付され、学生はすぐに自分の分析結果を閲覧することができるようになっている。この個人レポートは、以下に述べるグループ・レポートとともに使用し、プログラム実施者等が、振り返り、ディスカッション等の題材など様々な形で利用することが可能である。グループ・レポートは、2 つの妥当性と 17 のスケールの結果から構成されている。17 のスケールの結果は、トータルスコア、トータル低スコア者、満足度別、ジェンダーといった多様な角度から分析され、カラーの棒グラフに数字とともに提示される。

　2 つの妥当性と、17 のスケールは、心理学的な多様な概念が含まれる[ii]。以下、西谷（2017:56-67）から抜粋したものが**図 4** である。

　これらの項目からも読み取れるように、BEVI は、個人のプロファイリ

```
I. 妥当性
一貫性（類似又は同一の内容を測っているが，表
　現の異なる項目に対する回答の一貫性）
適合性（統計的に予測できるものとの回答パター
　ンの一致）
II. 形成的指標
人口統計学的／背景的項目
スケール 1．人生におけるネガティブな出来事
III.中核的欲求の充足度
スケール 2．欲求の抑圧
スケール 3．欲求の充足
スケール 4．アイデンティティの拡散
IV. 不均衡の許容
スケール 5．基本的な開放性
スケール 6．自分に対する確信

V. 批判的思考
スケール 7．基本的な決定論
スケール 8．社会情動的一致
VI. 自己とのかかわり
スケール 9．身体的共鳴
スケール 10．感情の調整
スケール 11．自己認識
スケール 12．意味の探求
VII. 他者とのかかわり
スケール 13．宗教的伝統主義
スケール 14．ジェンダー的伝統主義
スケール 15．社会文化的オープンさ
VIII. 世界とのかかわり
スケール 16．生態との共鳴
スケール 17．世界との共鳴
```

図 4　BEVI の 2 つの妥当性と 17 のスケール（西谷 2017 から抜粋）

ングを、「チームワーク力」「課題解決能力」といった、外部の尺度を反映
した測定基準を用いていない。その個人の価値観や志向といった認知心理
学的な特性を捉え、その「変化」が、留学や COIL といった活動（教育的
介入）によりどんな影響を受け転じていくのかを明らかにすることができ
る測定ツールである。

　この BEVI の尺度を、関西大学の国際教育ではどのように解釈している

図 5　関西大学における国際教育プログラムで探求したい人材資質（アウト
カム）

かを示しているのが、**図5**である。COIL実践のような教育的介入を経て、この図にあるような4つの領域において成長を促すことを主眼におき、プログラムの構築が行われる。

VUCA時代[iii]に適応し柔軟に変容できる柔軟さは、BEVIの領域「不均衡の許容」に該当する。また、Society5.0の遂行に必要なSDGsをはじめとする世界の情勢に敏感であるためには、「世界とのかかわり」「社会文化的オープンさ」において数値を伸ばすことが大事となる。「批判的思考」も、次世代の人材資質として不可欠であり、この領域に関係する尺度について、BEVI検証の中で着目しておきたい項目となっている。

3.2　検証時期

本章で取り扱うのは、2019～2020年度に実施したCOIL科目、2021年度に実施したCOIL科目群の内T1/T2の2回にわたりBEVI受検を行った群の一部の結果データ（グループレポート）と、2020年度及び2021年度の8月～9月に実施したMultilateral COIL Program（多方向COIL）のT1/T2（ポストプログラム）における結果である。また、統制群としてCOILではない科目の受講生のBEVIの結果を、それぞれの年度で検証可能であった対象を比較参考として考察する。

3.3　検証結果1（2019～2020年後期COIL科目履修生の場合）

2019年後期は、コロナ禍前でもあり、前期後期の通常学期内で実施したCOIL科目群と、夏休みなどを活用してCOILと短期プログラムを実施したCOILPlus（COIL＋短期派遣留学）プログラム群が学内で提供されていた。**表8**はCOIL科目履修学生群のBEVI結果（受検総数T1/167-T2/125）である。

全体的にCOIL科目履修前と後で大きな変化があったのは（5ポイント差があると変化が顕著であるとされる）、「Emotional Attunement（感情の同調）」「Ecological Resonance（環境との共鳴）」の2つの尺度であった。感情の同調の数値の向上は、他者に自分の感情を共有したり自己開示

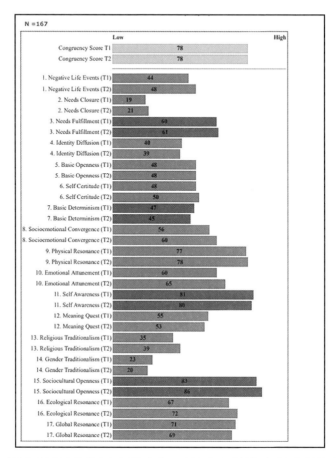

表 8　COIL 科目の前後を T1/T2 として BEVI を受検した 2019-2020 年度学習者群のグループ分析（中央値の集計）

したりすることに抵抗がなくなってきていることを示している。環境との共鳴は、COIL 科目において頻繁に取り上げられる地球市民としての考え方や、SDGs にまつわるテーマを考える機会が増えたことにより、この尺度での向上につながったのではないかと考えることができる。この結果を、男女別で変化を捉えたものが**表 9** である。どちらの尺度においても、T1 の中央値は女性群のほうが高い数値を示しており、COIL 科目履修後

の数値の増加はさほどではないのに対し、男性群は変化が目覚ましい。特に「環境への共鳴」については、T2において男女共に同数値にまで向上したことがわかる。

「感情の同調」について、さらに学生群を3層に区分し、検証をしたものが**表10**である。

表10は、BEVIのビックデータに照らし合わせ、全体のテスト受検結果が低スコア群、中間スコア群、高スコア群の3層に区分した場合の、受検者の特定の尺度（ここでは「感情の同調」）のT1/T2結果を示している。まず、低スコア層、高スコア層のT1の数値の開き（約40近い差）があることがわかる。次に、「感情の同調」尺度において顕著な成長を見

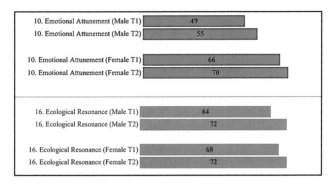

表9　COIL科目の前後をT1/T2として男女別にBEVIを受検した層のグループ分析（尺度「環境との共鳴」）

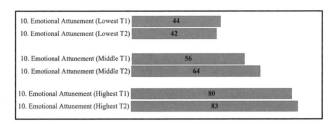

表10　COIL科目の前後をT1/T2としてスコア別にBEVIを受検した層のグループ分析（尺度「感情の同調」）

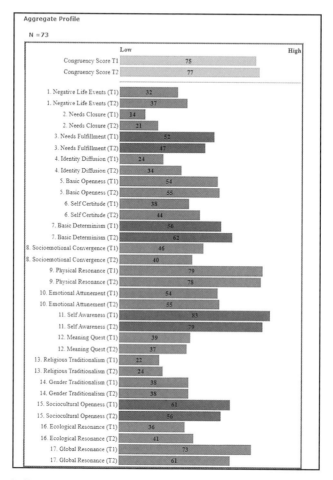

表 11　留学レディネスセミナーの前後を T1/T2 として BEVI を受検した層のグループ分析（中央値の集計）

せたのは中間スコア層であり、低スコア層・高スコア層にはさほど変化がなかったこともわかる。また、この 3 層に分解したグループの考察は、BEVI が、多面的な国際学習の評価に関わる多くの心理測定にはない詳細な差異の可視化ができることを示している点もここで言及しておく必要がある。

　COIL 科目履修者群との比較として、2018 年度の統制群として、関西大学で留学派遣対象者に実施している留学準備レディネスセミナーシリーズを受講した学生群（T1-T2/ 73 名）についても、セミナーシリーズ履修前後で同様に BEVI を受検してもらったものを取りあつかう。**表 11** が、レディネス受講者群の結果である。

　表 8 で示した COIL 科目履修生と比較すると、「Sociocultural Openness（社会文化的な開放性）」の T1/T2 スコア双方で大きな開きがあることがわかる（T1 で 22、T2 で 30 ポイント COIL 科目履修学生群が高い）。「Meaning Quest（意味の探求）」尺度についても、COIL 科目履修学生群と、レディネス受講者群では T1・T2 共に 16 ポイントの差がある。「Identity Diffusion（アイデンティティの（理由の）拡散）」尺度については、レディネス受講者のほうが T1 時点では COIL 科目履修者群よりも数値が低い（16 ポイント差）であるのに対し、T2（講義履修終了）時点において COIL 科目群履修者層との差を 5 ポイントまで縮めている。COIL 科目履修者は 1 ポイント減であり目立った変化が見られなかった。「アイデンティティの拡散」は、数値が高いほど、自我同一性に揺らぎが起きていることを示す。レディネス受講者群は、セミナー受講によって当初安定していた自我同一性を揺さぶる影響があったことを示している。また COIL 科目履修者はエントリー時点で迷いのある層が集まっていることもわかる。「意味の探求」尺度も COIL 科目履修者は高いことから、関西大学では、「自分は何者だろう」「何が大切だろう」といった探求心理を持った層が、海外の学生とつながり学ぶという新しい実践に関心を持ち科目履修をしていることが観察できる。

3.4　検証結果 2（2020 年度後期 COIL 科目履修生の場合）

　2020 年度は、統制群として、英語開講科目（留学準備スキルアップ科目）であり COIL 実践を行っていない科目の履修者群との比較を行った。紙幅の関係上 17 尺度全てを対象にした分析が難しいため、ここでは「Identity Diffusion（アイデンティティの拡散）」と「Basic Determinism

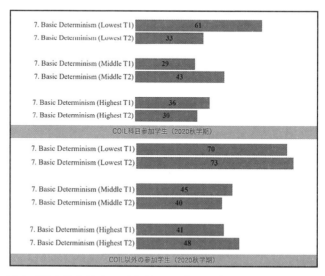

表 12　尺度「アイデンティティの拡散（Identity Diffusion）」のグループ
比較（COIL 履修学生群と COIL 不参加学生群 T1/T2）

表 13　尺度「基本的な決定理論主義」のグループ比較（COIL 履修学生群と
COIL 不参加学生群 T1/T2）

（基本的な決定理論主義）」を比較する。

　Identity Diffusion は、アイデンティティの拡散とは、明確なアイデンティティを開発または保有していない状態のことである。多くの場合、若者がまだ確固としたアイデンティティを確立していないか、アイデンティティが危機的な状態に陥っており、まだ解決にコミットしていないことが原因である。したがって、その数値が大きいほど、自身に揺れがあることを示す。COIL 履修学生（上表）と COIL 不参加学生群の低層群の科目参加前のスコアに大きな比較があることがまず明らかである。教育実践（COIL もしくは通常の授業履修）が進むにつれ、COIL 履修学生は一定数揺れが改善されたのに対し、COIL 不参加学生群では、低層群はさらに拡散する傾向がみられた（**表 12**）。**表 13** では、Basic Determinism（基本的な決定理論主義）において双方を比較した。この尺度は、差異 / 行動について簡潔な説明を好み、人は変わらない / 強者が生き残ると信じている（例「エイズは神の怒りの証だ」、「強者が生き残るのは当然だ」）という傾向を示す。COIL 履修学生群はどの層も T1 で不参加群よりも高めの数値を示しており、教育実践後には、低層群・高層群で COIL 履修群では数値が改善し、中層群で数値が逆に傾向を助長する結果が見られた。一方、COIL 不参加群では T2 においても大きな変化が見られず、教育実践としてこの尺度への影響はなかったということがわかる。

3.5　検証結果 3（2020-2021 年度 Multilateral COIL プログラム参加者の場合）

　上記の正規科目の中で行う COIL 科目に加え、より多方向・多国間で協働学習を行う Multilateral COIL についても BEVI 受検の結果を検証した。Multilateral COIL プログラムは、2020 ～ 2021 年度の夏に実施する 5 ～ 7 週間程度のプログラムで、参加学生は 9 ～ 11 カ国から集うという非常に多様な参加者が集まるプログラムである。コロナ禍期であるため、2021 年度も渡航留学を伴う COIL Plus は実施していない。完全オンラインの COIL 型実践の効果を検証する上では、通常学期のように他科目を平行履修していない中で参加した学生群のプレ・ポスト検証の結果を教育的介入

に起因して解釈しやすい条件が整っている。

　表 14 は、「欲求の抑圧（Needs Closure）」という尺度において、スコア別の比較結果を示したもので、UMAP-COIL の日本人学生の場合、T1から T2 にかけて、「低スコア層」「高スコア層」の学生で、Needs Closure が有意に増加していることが観察された。この尺度は、不幸な生い立ちや、いさかいの多い／不安定な家族構造、物事が起こる原因・状態の原因について筋が通らない状況について自身の中で受け入れ、理解している（「素晴らしい子ども時代だった」、「他よりも運のいい数字が世の中にはある」など）ことを示す。一方で中間スコア層は、T1 to T2 で数値が低下している。この場合、「欲求の抑圧」の結果は、COIL への参加の一環として、学生が比較的ネガティブなローカルおよびグローバルな懸念や問題を意識するようになり、パンデミックの影響下で、オンライン学習、社会的孤立、地元の学生生活の混乱などといった経験の最中で本プログラムに参加していることを反映しているのかもしれない。

　表 15 は国際学生群のみの T1/T2 比較である。日本人学生とは異なり、低スコア層の相対的な数値が、中間及び高スコア層の数値よりはるかに高い数値を T1 で示していることがわかる。T2 との変化を見てみると、中間スコア層の数値が顕著に増加している。低スコア層はさほどの変化は見られなかったが、高スコア層の学生群では数値が減少している。

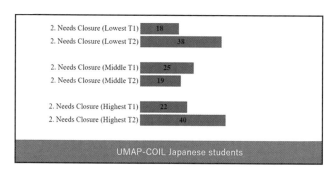

表 14　2020 年度実施 UMAP-COIL プログラムのグループ比較結果（Needs Closure）

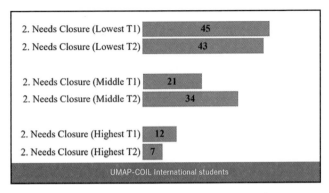

表 15　UMAP-COIL2020 に参加した国際学生群の T1/T2（Needs Closure）

　日本人学生群の高スコア層の T2 の数値が、国際学生群の低スコア層の数値に近似している点も、考察に値する。自身の環境待遇に対してよい高い意識を持ち、自分なりの理解をするという内省プロセスを、国際学生の場合は低スコア層の学生はすでにプログラム参加前から取り組んでいることがわかる。一方で、日本人学生層はどの層においても 20 台前後の低い数値からのスタートであり、UMAP-COIL プログラムにおいて意識化された結果数値が増加していると考えられる（低スコア層と高スコア層）。

　もう 1 つの尺度である基本的な決定論主義（Basic Determinism）に関しても、日本人層と国際学生層での比較をしておく。基本決定論の国際学生群のデータで非常に印象的なのは、UMAP-COIL 留学生の「低スコア層」の数値が、「中間スコア層」「高スコア層」の数値と比較して、著しく高いことである（**表 16**）。この BEVI 尺度は、批判的思考（Critical Thinking）を構成する 2 つの尺度のうちの 1 つである（もう 1 つの尺度は「社会・情動の理解（Socioemotional Convergence）」）。

　この尺度は、人がどの程度、違いや行動に対して単純な説明を好むかを反映し、人は変わらない、強者が生き残ると信じているといった、スコアが高いほど、柔軟性に欠けることを反映している。「低スコア層」「中間スコア層」の学生では、T1 から T2 にかけて基本決定論が増加していることがわかる。しかし、「高スコア層」の学生では、T1 から T2 にかけてこ

の尺度の数値が減少していることがわかった。つまり、クリティカルシンキングとその関連領域に関して高い柔軟性を持つ学生は、現在進行中のパンデミックという破壊的な状況下であっても、COIL に関連する活動で得られる機会をよりうまく活用できたといいうことを示唆している。一方日本人学生群の場合は、どの層においても高い数値でのスタート（T1）となっている。プログラム参加によって、数値が減少したのは中間層の学生群のみで、高スコア層はむしろ数値が増加した（**表 17**）。

　これらの数値から、同じプログラムにおいて「同様な」教育コンテンツに触れ、協働学習に参加しても、上記のようにそれぞれの層において多様な変化プロセスが展開していることが、BEVI の検証結果によって可視化

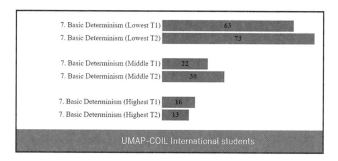

表 16　国際学生の「基本的決定理論主義」スコア比較（T1/T2）

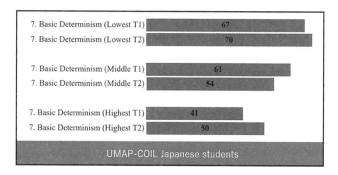

表 17　日本人学生の「基本的決定理論主義」スコア比較（T1/T2）

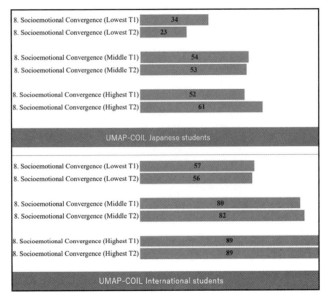

表 18　尺度「社会・情動の理解（Socioemotional Convergence）」における日本人学生と国際学生のスコア比較（T1/T2）

できることがわかる。

　批判的思考力を示すもう１つの尺度（社会・情動の理解）をみても（**表18**）、日本人学生層と国際学生層の数値が T1 時点から異なっていることがわかる。日本人学生層の批判的思考力は、国際学生層に比べまだまだ醸成不足であること、また、UMAP-COIL プログラムにおいて一部向上が見られる層があることが読み取れる。

4.　おわりに

　本章で取り扱った２つの評価ツールは、その検証手法のアプローチが大きく異なり、そして一方が検証する上で網羅できない側面を他方で補填できるという意味では非常に融合活用をする上で相性が良いと、筆者らは感じている。BEVI の検証結果が我々に示唆してくれることは上述のように

多岐にわたるが、あえて2つに着目すると、1点目は、COIL 型教育実践
は、まず入り口の段階で、約3万人規模の関西大学の学生プールの中で
も、グローバル社会に属し、異なる背景を持つ他者との出会いを通して、
自分の従来の価値観や考え方に刺激を与え、変容を歓迎するといった姿
勢・志向をすでに他より多く持っている層が参加してくることが明確と
なった点がある。2点目は、COIL 型教育実践科目や COIL/Virtual
Exchange プログラムを経験した学生達は、それぞれのスタートライン
（T1）の時期と、経験直後（T2）を比較すると、人生におけるネガティ
ブな出来事に価値観が左右されることが少なくなり、基本的な開放性が高
まるといった共通した変化の一方で、自分に対する確信や、自己認識、意
味の探求といった項目で、正負両方の変化の揺れを、同じプログラム内で
あってもそれぞれが多様な動きを見せるという点である。同じ教員が担当
し、同時に同じインプットを受け、同じプロジェクトタスクを課されてい
ても、皆が同様にマイナス傾向またはプラス傾向となるのではなく、各自
におけるインパクトの個人差が現れる。人の価値観や異文化に対する意識
の変容プロセスは、そのインパクトの度合いも、変容のスピードも、そし
てその変容がたどる経路も、非常に多様であること、を可視化して理解す
ることができる（**図6**）。

　一方、GPS-Academic が我々に提供してくれる情報は、認知的能力の直
接評価結果に加え、COIL 型教育実践に参加した学生達が、自分自身のエ
ンプロイアビリティの要素をどのようにとらえているか、そして COIL に
参加することでそれがどのように変化したかという自己評価の意識の変容
を数値化したものである。本章で扱ったように、大手上場企業に採用され
ていく層のプロフィールとの比較や、日本全国の学生層と COIL 科目参加
者群の志向にどういった異なりが見られるのかといった比較分析も、この
教育実践がもたらすインパクトの1つを明らかにする上で大いに参考にな
る。2021 年の後期に実施した GPS-Academic のパイロット検証では、上
記で解説したように、認知的能力のスコアに伸びがない場合や語学力に自
信のない学生も、COIL 科目での活動への参加を「いい経験である」と自

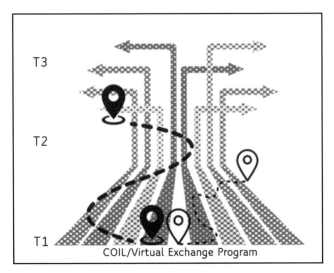

図6　BEVIで見えてくる個人の多様な変容プロセス（イメージ）

覚し、異なる背景を持つ人との交流を積極的に行いたいと考える層が増え
るなど、この教育実践がもたらす効果が非常に多角的であることを示唆す
る結果を観察することができた。COILという教育実践の効果検証は、実
際に動いているプログラムを対象とした実証実験の形を取ることになる。
教育的介入としての効果を測るために実験群（COIL科目受講者群）や統
制群（COIL以外の科目受講者群）を設定するが、プログラムが展開する
際の多様な外部要因、学習者自身の内部要因が同時に絡まった状態でプ
レ・ポストの伸長を測るため、ある能力の成長について、COILとの直接
的な因果関係を証明することは極めて困難である。それでも取組がもたら
す効果検証をより説得力のあるものとするためには、より多くのケースの
データを集積し、分析を重ねることで汎用的な傾向や因果推論が可能と
なっていく。したがって、この2つの検証ツールを有機的に融合活用する
試みは、本書を執筆した2022年度以降に再度データ調査を行う際、本格
的に着手を行う。

注

i　本節で共有する分析は、㈱ベネッセ i- キャリアにご協力いただき行ったものである。

ii　https://jp.thebevi.com/about/scales/　にも詳しい解説がある。

iii　VUCA は「Volatility（変動性）」「Uncertainty（不確実性）」「Complexity（複雑性）」
「Ambiguity（曖昧性）」の頭文字を並べたもので、「VUCA 時代」とは、先行きが不
透明で、将来の予測が困難な状態を意味する。

参考文献

西谷元（2017）.「留学効果の客観的測定・プログラムの質保証─ The Beliefs, Events, and
Values Inventory（BEVI-j）─」『高等教育研究叢書』vol. 137. 3 月, pp. 45-70.
Benesse i-Career GPS-Academy ホームページ.
https://www.benesse-i-career.co.jp/gps_academic/（最終アクセス 04-03-2022）
Shealy, C. N.（Ed.）（2016）. Making Sense of Beliefs and Values: Theory, Research, and
Practice. Springer: USA.

第8章　オンライン型国際教育と渡航留学の融合の在り方
池田佳子

1. はじめに：オンライン型国際教育の多様なオプション

　本章では、COIL や Virtual Exchange 以外のオンライン型国際教育の
活動を取り上げ、現在の国内外における現象を考察していく。パンデミッ
クの初期においては、COIL の手法が「オンラインで行う留学の代替」で
あるといった取り上げ方を各メディアがしたこともあり、現場の関係者や
学生達の間ではやや誤認されたこともあった。コロナ禍が長期化し、多様
なモダリティが登場してくるにつれてこういった定義の混同は収束してき
ているようである。改めて本章では、どのようなオプションが現在学生に
提示されてきているのかを取り上げ、それぞれの利点や特徴を考察してお
きたい。また、コロナ禍収束の目途が立ち、渡航留学プログラムも徐々に
参加が可能となってきた際に、これらの実践はどうなっていくのか、その
行く末についても、所見を述べておきたい。

2. オンライン留学

　コロナ禍期の中で底上げされたインターネットインフラなども好影響と
なり、「オンライン留学」というオプションが、渡航留学や、COIL をは
じめとした多様な国際教育実践と並ぶ１つのカテゴリーとして定着してき
ている。オンライン留学（Study Abroad Online）とは、「インターネッ
トを通じて日本にいながらも海外の学校の授業を受けたり、他の留学生と
交流したりと、留学と同じような体験のできる語学プログラムのこと」で
ある（産経英会話 Plus ホームページ）。日本国内において「オンライン留
学」と称されるプログラムの多くは、外国語学習（最も主流なものは英語
学習）を主眼とし、所属する国内の大学が構築し直接提供するのではな

く、海外の大学や語学学校などといった機関が提供する学習プログラムである。各大学で、これらのプログラム参加の後に単位を認定したり、海外で認定された単位を互換したりといった対応をしているところもある。

　オンライン留学プログラムは、2020年度後期あたりから、留学生輸入大国である北米、英国、オーストラリアといった地域の機関が中心に積極的な新規開発を行い、渡航留学を断念せざるをえなかった潜在顧客層としての学生に提供が始まった。北米の語学学習プログラムを主に提供する機関であるExtension Center等にとっては、運営資金源を確保するためにも生き残りをかけたアクションであったようである。数回の実施期間を経た2022年現在では、それぞれの地の利や特色を生かした、大変洗練されたオンラインプログラムが考案され提供されている。

　新見・星野・太田（2021）は、短期・中期・長期のそれぞれの時間軸でどのようなプログラムが催行されたかを調査しているが、短期（2カ月未満）の場合において、協定先大学などが開発したプログラムに国内大学学生が参加したケースがほとんどであった。海外からのインバウンドの受け入れも一切が中止となったため、国内大学がオンラインでのプログラムを実施したケースも多くあった。関西大学でも、2020年度・2021年度は、複数のオンライン留学プログラムに学生達が参加した。

　オンライン留学プログラムのメリットは、ビザの取得や保険などといった移動と現地での生活にかかわる諸手続き等が一切必要ないという簡便さがまず筆頭に挙げられるだろう。また、渡航費がかからない、教室などの確保が必要ないといった点からも、プログラム費用は渡航留学型のプログラムに比べて格段に安価になる点も、コロナ禍期の間を渡航留学前の待機準備期間としてとらえている学生層にとっては参加しやすい要因となっている。

　オンライン留学のデメリットもある。オンライン会議形式の授業や、LMS（学習マネジメントシステム）を通した教材の受け渡しやテスト受験といった、まさに機械的な作業の繰り返しとなり、学生間での異文化交流の機会や、渡航してともに時間を過ごす「共生」の体験がもたらす人間

関係構築といった、学習以外の側面で受ける恩恵は不足する。「留学経験」という活動に、語学学習などの学び以外の側面を期待する履修者層（そしてこれらのプログラムを斡旋した国内大学の教育関係者）にとっては、「オンライン留学」はあくまでも簡易版、Study Abroad Lite であると位置づけるしかないだろう。つまり、これだけでは「物足りない」のだから、渡航留学で補填する仕掛けを作らねばならないということである。オンラインで行う活動については、あくまでも渡航留学前のレディネス向上や、事前学習を目的としていることを明示化し、渡航留学に参加して初めて全体のカリキュラムが完結するような教育カリキュラム設計を考案することで、この手法は最も効果インパクトが期待できるだろう。参加学生にとっても、オンライン上で目指すべき学習目標が明確となり、参加意欲維持がしやすくなる。

　渡航留学が全面回復したらどうなるか。コロナ禍の収束が見えてきている中で、このオンライン留学がこれまでのように活用が継続されるかどうかは、今後を観察しなくてはならない。所見としては、「オンライン留学」が Study Abroad Lite である以上、これをあえて融合させてまで維持しようという意思のあるプログラム提供はそう多くないのではないかと危惧する。オンラインとはいえ、その設計、準備、遂行にはそれなりの人員と時間、エフォートが必要である。渡航プログラムの遂行に加えてこの負荷を担うことができる体制を各機関が備えられるかが、結果を左右する鍵となるだろう。

3. Virtual Student Mobility（VSM/VM）

　COIL のような双方向性の高いインタラクティブな学習活動を主体とする教育実践とともに、Virtual Mobility といわれる、海外の大学がオンライン提供する科目を、国内にいながら履修し単位取得を行うというものが、Virtual Mobility である。海外大学が提供する科目を一方向で履修するケースもあれば、「クロス履修型」として、互いの大学間で取り決めを

交わし、所属する学生が授業料負担などなく科目をオンラインで履修する
ケースもある。UNESCO はこの形態を Virtual Student Mobility（VSM）
と呼んでいる（UNESCO IESALC 2022）。

　UNESCO International Institute for Higher Education in Latin
America and the Caribbean（UNESCO IESALC）は、VSM を「情報通
信技術を利用して、国境を越えた、あるいは機関間の学術、文化、経験の
交流と協力を促進するモビリティの形態（a form of mobility that uses
information and communication technologies to facilitate cross-border
and/or inter-institutional academic, cultural, and experiential exchanges
and collaboration）」と定義している。この定義はかなり広義なので、こ
れを基準とすると COIL もオンライン留学もすべて VSM の管轄内となっ
てしまうので注意が必要である。UNESCO が VSM を広くとらえ推奨し
たいその背景には、世界の高等教育機関で学ぶ層全体を鑑みたときに、渡
航留学の恩恵にあずかることができる恵まれた者はその 2% にしかならな
いという現実がある。より多くの学生層が何等かの国際教育に参加できる
インクルーシブな環境の底上げを目指しているために、あえてこの定義が
あると理解したほうがいい。教育手法としては、VSM は海外機関が提供
する教育コンテンツの学習であり、学生のみがその海外の科目に参加す
る。協働学習を前提としたシラバスの設計にはなっていない。2 つ以上の
機関の科目担当者が話し合いコーディネートした COIL 科目設計との相違
が、この点において明らかである。

　UNESCO IESALC が 2022 年 2 月に行った調査報告は、世界各地域の
38 カ国において、73 の高等教育機関（HEP）がパートナーシップを組ん
で実施したバーチャル学生モビリティの 14 のケーススタディに基づいて
いる。これらのケーススタディに基づき、バーチャル学生モビリティを学
生移動の新たな形態として取り入れることで、ポスト・パンデミックにお
ける高等教育の国際化を再構築する上で重要な役割を果たすことができる
ことを提言している（UNESCO IESALC 2022）。

　上記リポート内にも言及があるのが、国際大学コンソーシアム（AUN/

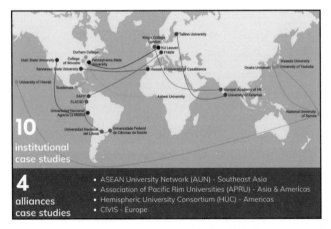

図1　UNESCO の調査対象となった海外国際大学ネットワーク
（UNESCO IESALC 2022 から引用）

ASEAN University Network, UMAP/University Mobility of Asia and Pacific, APRU/Asia and Pacific Rim Universities）が実施した VM（クロス履修型）である。パンデミック状況下において、これらのネットワークが団結し、オンラインによる科目提供を開始したことで、多くの教育コンテンツが学生の下に届くようになった。UNESCO がケーススタディを行ったネットワークが**図1**に示されている。

　この調査では VSM に参加した学生の意見を集約しており、107 名の学生（17 機関、12 カ国）の過半数（62%）が VSM を他の学生にも推薦すると回答し、74% がまた履修したいと述べている。Z 世代ともいわれる学生層にとって、デジタル技術やバーチャルスペースを活用した学習手法は適性があり、対面での学習プロセスよりも利便性が高いことを評価する層も多いことがわかる。

　国内大学の事例では、コロナ禍前からオンラインで科目提供のスキームを実施していた筑波大学の事例がよく知られているところである。Campus-in-Campus（CiC）という大学ネットワークを SGU（スーパーグローバル大学）事業の一環として構築しており、クロス科目履修を「科目

ジュークボックス（CJ）」という制度で実施している。コロナ禍を受け、2021 年には「大学の国際化促進フォーラム」という SGU 採択校を中心とした大学が牽引する様々なプロジェクト（https://www.jfiu.jp/project/）の 1 つとして「Japan Virtual Campus（JVC）」を新たに構想された。JVC は国内で参画を希望する大学間において横展開利用ができるプラットフォームであり、このスペースを活用した VM 型のプログラムが多く展開することが期待されている。

　VM 型のオンライン国際教育は、国内外の学年歴の異なりやデジタルプラットフォームの相違、評価対象とすべき学修時間の問題など、諸問題は存在するが、大学間の垣根を越えてこのような制度が前進したことは、コロナ禍がもたらした変化なのではないだろうか。

4.　メタバース（3 次元仮想空間）を活用した国際教育

　2021 年に Facebook 社が名称を「Meta」と変更した。メタバースといわれるコンピュータネットワークの中に構築された 3 次元仮想空間を活用した国際教育の実践も、台頭し始めている。主にブラウザーまたは VR のようなヘッドマウントデバイス（HMD）を用いる。アバターを通して 3 次元の仮想空間の中で活動し、そこに存在する様々な環境や参加する多様な人々と交流をすることができる。関西大学でも、2021 年にローンチした KU-DX（Kansai University Digital Transformation）の一環として、Virbela というメタバースアプリを活用した COIL 型プログラムを実施した（KU-DX 2022）。米国の大学生と本学の学生がチームを組み、ビジネスプランを考案するプロジェクトタスクを遂行した。**図 2** は、その 1 シーンである。

　メタバース上の話者同士の対話を観察すると、ウェブ会議ツールなどで展開するインタラクションとその特徴が大きく異なっていることがわかる。最も大きな異なりとしては、うなずき、笑い、手を振る、振り向くといった非言語コミュニケーションの情報を会話の中で取り込むことができ

図2　Virbela を用いたメタバース応用型 COIL プログラム

ること、そして身体的な動きを加えることで、空間上に相互行為において自然な身体の空間陣形（O 空間）を実現することができること（Kendon 1990）がある。例えば、**図 2** では、発表者は立って発表をしているが、質問者はカンファレンス席に座った状態でやり取りを行っている。それぞれのアバターは互いの方向へ体を向けており、対話の相手として認識がなされていることがわかる。その他の参加者らも、その様子を第三者として聞き取りながらその場を共有することができる。さらには、アバターを通して、履修学生は自分の志向する容姿や服装、ジェンダーなども自由に選択することができ、実際の顔を見せて参加することに抵抗を持つ学生や、時差の関係で自宅や別の場所から参加している場合でも、メタバース上での参加においては影響が少ないといった点など、学生の参加度合いがウェブ会議ツールで行う授業活動の際よりも向上している印象がある。この点については、改めてデータ分析を実施し、研究論考として発表する機会を設けたい。

　メタバース上での国際教育に加え、360 度ビデオや AR を活用した国際教育教材も、国内外で多数誕生している。SAA（Study Abroad Association）も、そのような事例の 1 つである。関西大学では SAA が提供する VR 学習教材の活用を開始した。イタリア、コスタリカ、イギリスなど、パンデミック禍では渡航がままならなかった国や地域の歴史や文化を一足先にバーチャル空間で学ぶことができる。関西大学では、KU-DX

図 3　SAA と共同開発した関西大学のバーチャルキャンパスツアー教材

　の一環として、バーチャルキャンパスツアーのコンテンツも作成した（**図
3**）。日本への留学が実現できていない層や、これから関西大学への進学
を考えている国内の学生層も活用ができる。これらの教材作成などは、
2020 年度〜 2021 年度に文部科学省が行った「デジタルを活用した大学・
高専教育高度化プラン」補助事業がその促進剤となった（MEXT 2021）。

5.　ブレンデッド・モビリティー（Blended Mobility）

　2021 年後期から 2022 年にかけて、経済活動を中断させないため、新型
コロナウイルスの感染者が過去最多の水準にあるにもかかわらず欧州各国
が、行動規制を相次いで緩和している。ワクチンが普及したほか、変異型
「オミクロン型」の重症化率が低いことがわかってきたこともこの決断を
助長している。英国は 2022 年 2 月 11 日から水際対策をほぼ撤廃したほ
か、フランスはワクチン接種証明の提示義務をなくした。先んじてスェー
デンやチェコなどでも緩和が始まった。英国は 2 月 24 日から、人口の大
半を占めるイングランドで新型コロナウイルスの感染者の隔離を不要にし
たぐらいである。日本においても、オミクロン型感染者の減少傾向や重症
化率の低下を根拠とし、2022 年 3 月下旬に規制が緩和された。コロナ禍の

収束の目途が見えてきている中、海外へ、もしくは海外からのビジネスや
留学目的の渡航や帰国などのモビリティの回復の兆しが観察できている。

　渡航留学が実行可能となりつつある現在、次に課題となるのがオンライ
ン国際教育の活用と、渡航留学の共存の問題である。短期の「オンライン
留学」として実施されていた国際教育プログラムは、海外渡航が再開した
暁には多くが消滅するのではないかと予想できる。その一方で、渡航留学の
機会と、この章で上げたような多様なオンライン国際教育を有機的に融合
させてより多くの学生に国際教育の機会を提供する「ブレンデッド・モビ
リティー」プログラムも、今後大いに期待できる国際教育の在り方である。

　Blended Mobility（以下 BM）は、渡航留学、Virtual Mobility、そして
Blended Learning を融合して実現する国際教育である。欧州委員会にお
いて 2018 年に積極的に推奨され、コロナ禍期において重要性がさらに認
識された。

　BM は、グローバル化する国際社会の必然でもある。学術界であれ、産
業界であれ、国際的なプロジェクトというものは、多かれ少なかれ、BM
の手法で遂行される。年に 1、2 回、プロジェクトパートナーが集まり、
直接会って報告をするが、そのインターバルにおいては、ICT を用いて
作業とその結果について議論が継続する。対面式会議では、より重要な決
定を行い、細かなやり取りや交渉が必要な案件を扱う。また、外交のよう
な信頼関係の構築が重要なケースなど、文字などでのやり取りでは誤解が
生じるリスクを絶対に回避すべき場面として、渡航し互いが集うという判
断をする。このオンラインとオンサイトの双方のメリットを生かしうまく
使いこなすことで、より生産性の高い、また維持可能なプロジェクトが行
われるのである。BM はこのスキームを国際教育に適応させたにすぎない。
つまり、渡航して行う教育活動は、オンライン上で行う活動と同じことを
するのではなく、互いの活動の成果を補填し合う形で国際教育プログラム
が目指す学習効果を達成させる設計が望まれる。

　関西大学 IIGE において行っているのは、COIL 実践（オンライン）と、
その前後に展開する渡航留学の融合プログラム（「COIL Plus」プログラ

ム）である。例えば米国クレムソン大学と実施している COIL Plus は、米国からは 5 〜 8 月ごろそして日本からは 11 〜 3 月ごろの数カ月の間それぞれの学生が互いの大学にて短期型留学を実施する。4 〜 5 月に、日米の COIL 型協働学習をまずスタートさせておき、滞在中もオンライン同様に同じグループ間で学習活動を継続する。

　通常 COIL だけの場合は学年歴の重なりがある秋に 4 〜 6 週間と限定的に行うことが多い中、COIL Plus のような BM の場合、半年から 8 カ月間ほどの時間を 1 つのプロジェクトに費やすことができる。クレムソン大学と行っている COIL は、化学生命分野の研究プロジェクトがベースとなっているが、このような理工学系分野と（長期間を 1 つのプロジェクトに割ける）COIL Plus 型の BM は適性が高いと言えるだろう。

6.　おわりに
―オンラインと現地学習型の融合した国際教育が定着するには―

　本章では、多様な形で展開するオンライン型国際教育を取り上げ、それぞれの特徴と利点・欠点を考察した。図 4 に、取り上げた実践モデル間の関係性を筆者なりに取りまとめた。

　これは、X 軸として同期・非同期性、Y 軸として 2D/3D の二極、そして Z 軸としては参加者間の接触モードが双方向（多方向）か単方向かという二極を取り上げて作成した比較表である。COIL 型教育実践は、同期・双方向型のみで行うものではないので、上記表では、あくまでも代表的な事例としてポジショニングしてある。SNS ツールなどは、同期でも非同期でも利用することができるものであるが、国際教育の活動事例では、時差や地理的な距離がある場合において非同期的なコミュニケーションチャンネルとしての役割が典型例である。今後も、これらの軸以外の側面も加わったより複雑なマトリックスの中に、多様なモダリティが登場してくることだろう。これらをベースとした国際教育プログラムも、ツールの多様性と比例して広がりを見せていくことが予想できる。

　オンライン型国際教育は、パンデミック禍において注目を浴びたわけだ

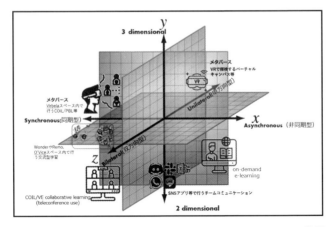

図4　多様なオンライン型国際教育の3次元マトリックス比較

が、この特別な環境変化を除外して考えたとしても、渡航留学に過度に集中してきてしまった現在の国際教育が抱える諸問題（飛行機などの移動利用によるCO_2排出量の削減への責任、一部の限定的な地域・国のみが留学生受け入れによる経済的な恩恵を受けているといった現実）の解決策を探る上でも、大変重要な存在として今後も発展を遂げるだろう。

　一方で、「デジタル格差（Digital Divide）」をどうとらえるかという点も、オンライン型国際教育を推進する上では看過できない問題である。世界的に見ると、デジタルデバイドの問題はまだまだ色濃く残っている。インターネット普及率が非常に高い地域、例えば、インターネット普及率が90%の北米や87%の欧州では、それがはるかに低い地域（インターネット普及率が43%のアフリカなど）に比べて、学生は対面授業からバーチャル授業への切り替えが容易であることがわかっている（Sabzalieva, Liu, and Mutize 2021）。逆に理解するとすれば、インターネットがつながり易い国地域との共修やオンラインでの交流はどんどん推進される一方で、インフラ整備やデジタルリテラシーの向上に遅延が起こってしまう地域とはさらに疎遠となっていく傾向も容易に想像できる。第7章でも触れているように、先進国・発展途上国、グローバル南北といった格差は、オンライ

ン型国際教育を進める上でも、何もしなければさらにその格差を助長する
危険をはらんでいる。世界の高等教育機関にヒアリングをした UNESCO の
調査（**図 5** 参照）でも、格差拡大の懸念を案じる声（"poor or unequal
use of technology"）と、技術革新を歓迎する声（"advances in technology"）
が拮抗する。また、技術の急速な発展の影で、追いついていけず混迷する
層が出てくることを予想する意見も多く出ている（"lack of control over
advances in technology"）。

　ポストコロナ禍期においても、オンライン型国際教育の実践が、渡航留
学をはじめとした現地学習型の教育と共存し定着していくためには、国際
社会に潜在するデジタル格差の是正を急ピッチで進めることは必須とな
る。教育機関の抱える直接的に関係する問題は、インフラ設備の問題に加

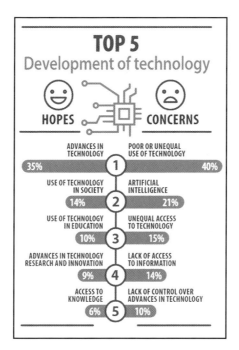

図 5　技術発展に関する将来への展望（希望と懸念）Top5 項目
**　　　（UNESCO 2021）**

え、教育従事者陣営のデジタルスキルの向上や、**図4**に挙げたような多様なモダリティをどう教育場面で適応させるかを考え実践する能力の養成が、圧倒的に不十分であることがあげられる（ARC8 Outlook Report 2030）。能力開発やリスキリングの機会の提供を、個人の自己努力範囲として手付かずのまま放っておくと、技術発展の進行が急速化している中で、ますます取り残されていく。次世代の人材を育成・輩出する担い手たる大学の教育提供者側の今喫緊にすべきことは、まさに山積みであることを自覚し行動しなくてはいけない。

参考文献

産経英会話 Plus ホームページ「オンライン留学（バーチャル留学）とは？メリット・デメリットや代表的な留学先を紹介」https://human.sankei.co.jp/guide/column/online-studying-abroad/（最終アクセス 03-19-2022）

新見有紀子, 星野晶成, 太田浩（2021）. ポストコロナに向けた国際教育交流—情報通信技術（ICT）を活用した新たな教育実践より—日本学生支援機構ウェブマガジン『留学交流』（120）26-41.

デジタルを活用した大学・高専教育高度化プラン（文部科学省）https://www.mext.go.jp/a_menu/koutou/sankangaku/1413155_00003.htm（最終アクセス 03-19-2022）

ARC8 Outlook Report 2030: Inclusive and Diverse Higher Education in Asia and Europe. https://bit.ly/ARC8OutlookReport（最終アクセス 03-21-2022）

Kansai University Digital Transformation (KU-DX). https://ku-dx.net/（最終アクセス 03-20-2022）

Kendon, A. (1990). Spatial organization in social encounters: the F-formation system. In *Conducting interaction patterns of behavior in focused encounters*, pp. 209-237. Cambridge University Press.

Sabzalieva, E., Liu, E., and Mutize, T. (2021). The impact of the digital divide on student mobility. University World News. https://www.universityworldnews.com/post.php?story=20210504145617353（最終アクセス 03-19-2022）.

Study Abroad Association Kansai University 360 GLE: https://www.theasys.io/viewer/bXaU5pX20PpC1nSg7jFix6FwFH6lIw/（最終アクセス 03-19-2022）

UNESCO (2021). Pathways to 2050 and beyond. https://www.iesalc.unesco.org/en/publicaciones-2/（最終アクセス 03-19-2022）.

UNESCO IESALC (Feb 2022). Launching of the report on opportunities and challenges of virtual student mobility. https://www.iesalc.unesco.org/en/2022/02/24/launching-of-the-report-on-opportunities-and-challenges-of-virtual-student-mobility/（最終アクセス 03-19-2022）.

コラム②　コロナ禍が後押しする「教育実践」軸の大学の横展開― JPN-COIL 協議会―

池田佳子

1.　はじめに

　コロナ禍は、新しい時代を作った。我々はデジタルテクノロジーを活用「せざるを得ない」時代に突入したのである。2020 年のパンデミック最盛期に、国際教育だけではなくすべての学びの享受において、選択ではなく「唯一の手法」としてオンライン教育を行った。そこで日本の多くの大学教育関係者は、ようやくデジタル技術の教育へ融合という経験と対峙したのである。国際教育もその例外ではない。国際教育は、国内だけが「安全・安心」でもしようがない。長期化する世界のパンデミックによる影響で、世界中の高等教育機関は、国際教育交流を何らかの別の形ででも継続させなければならないという大きな挑戦をいよいよ回避できなくなった。そこで、開国ならぬ、「オンライン型（国際交流）教育 /Online International Education（以下 OIE）」の受容と推進という方向に日本の高等教育機関が舵取りを始めたのである。2014 年に開始した当時は「オンラインの交流を促進したら、留学に行かなくなるので困る」と非難まで受けた COIL 型教育だが、今や、ICT を活用したオンライン型国際交流教育が、ここまでひっきりなしに議題に上る程着目されたのは、ウィズ・コロナ禍期が、国際教育関係者らの希望的観測をよそに長引いているからに違いない。

2.　「教育軸」でつながる大学間ネットワーク：JPN-COIL 協議会

　緊急事態に突入した 2020 年 6 月、メディアが COIL をまず取り上げた（日経新聞 2020 年 6 月 29 日付）ことで、この教育手法の認知度が一気に上がり、IIGE にも問い合わせが殺到した。「うち（大学）でも取り込みた

いが、何をしたらいいか」「COIL 科目を推進していることを海外に発信したい」「もっと多くの学生たちに参加を促したいが、誘致の案に悩んでいる」といった、様々な相談をいただいた。この 1 つの「解」として理解が広まったのが、日本国内の COIL 型教育を推進する大学機関が参加している「JPN-COIL 協議会」への参画である。この協議会は 2018 年度に大学の世界展開力強化事業 2018 〜 2022 の活動の 1 つとして、関西大学グローバル教育イノベーション推進機構（IIGE）が事務局を務め、採択大学を中心に当初合計 13 の大学でスタートしたものである。COIL への関心はコロナ禍前もじわじわと広がりを見せていたが、2020 年 2 月時点では合計 20 大学となり、コロナ禍「最盛期」である 2020 年後半〜 2021 年にかけては、44 大学と、加盟数が倍増した。2022 年 4 月の段階では 49 大学となった。本協議会は主として大学単位での加盟を求めるものである。大学運営組織によるコミットを必要とするため、組織によっては意思決定までの時間がかかる場合もある。そのような条件下であっても、現在も、毎月のように大学の参加が続く。この大学加盟数の変遷は、国内における関心の高まりを示唆していると言えるだろう（**図 1**）。

　本協議会に加盟する動機は様々である。入会申し込みの際に、活動への期待や入会の理由を記載する項目を設けているため、その「理由」の多様化を観察することができる。当初は COIL 実践を既に推進しており、他大学や海外機関との情報交換が主目的である層で発足した協議会であるが、ウィズ・コロナ禍期に突入し、大学の方針として COIL 型教育を導入することになり、まずは協議会に参加し学びたいという加盟校が増えていった。大学運営もしくは国際教育のシニアマネジメントポジションのトップダウンの意思で参画する事例が急激に広がった点は、コロナ禍以前を知る者としては関心深い変化である。以前は、国内外いずれにおいても、「いかに COIL 実践が有益であることをトップマネジメント層に納得してもらうか」が大きなテーマであった。ウィズ・コロナ禍期では、「どうすれば教員に COIL に関心を持ち、自分の授業に取り込んでもらえるのか」をトップマネジメントが頭を悩ませている。教員側は、そうでなくても急に

図1　JPN-COIL 協議会の参加メンバーと集会の様子

オンライン化した授業の提供や、感染拡大防止対策などで変化を強いられているため、予想以上に展開が困難であるという相談も、協議会参加大学から聞こえてくる。

　本協議会が共通項として持つ「軸」は、COIL・Virtual Exchange といった教育実践である。メンバーシップの条件は、COIL 等の OIE を推進する教育機関であること、この1点である。手法をより学びたい、さらに学生のニーズとその変容に応じた教育実践の解を求めたいという共通の目的が、全国各地の大都市・地方、教育機関の規模に関係なくこの協議会への参加を誘う。教育実践つながりという共通軸、そして OIE というまだまだ未知の域でありここから創生されていく分野に対峙しているという文脈が、大学間の垣根を越えて連携できる環境を作っている。これはまさにウィズ・コロナ禍が生んだ現象だと言えるだろう。

3.　JPN-COIL 協議会のこれから

　本協議会の活動を持続可能なものとする上で、大事なのは、刻一刻と変化する国際教育の状況にタイムリーかつ的確に応じているかという観点で

改善を図ることである。「Beyond COIL」のフェーズが見えている現在、本協議会は今後どうあるべきなのか、まさに今、ネクスト・アクションが待たれる。ウィズ・コロナ禍期は「With-COIL」でもあった。ポスト・コロナ禍期は、Post-COIL の在り方も問われることになるだろう。本協議会が発展し、次世代（ポスト・コロナ禍期以降）のオンライン型国際交流教育の先達としての役割を担っていくことができるような成長が望まれる。IIGE では 2021 年 12 月に国際フォーラムを実施した。そこで取り上げたテーマは「IoE（Internet of Education）時代の国際教育」である[i]。COIL/VE は国際教育をより多くの学習者に届けるうえで大変有効な双方向型教育実践だが、それ以外のオンラインモダリティもコロナ禍を受け様々な実践形態が登場している。「オンライン留学」と言われるような語学学習モジュールや、AR/VR を活用したメタバース上での国際交流学習[ii]、バーチャルとオンサイト双方を同時に活用するハイフレックスの教室空間で行う国際共修授業など、その形態は多様である。これらはすべてウィズ・コロナ禍の中で、その時々の学生や各大学のニーズに合わせて生まれたものであり、このままネクスト・ノーマルとして定着するのか、もしくはさらに多岐に分裂していくのか、教育目的にかなう、最も有効な活用法を提案するためにもしっかりと検証しそれを発信していく必要がある。それぞれの特徴・強みや効果が明示的に示されれば、それらを吟味して我々はブレンド型の国際交流教育を提供できるようになるだろう。第 8 章でも考察したが、渡航留学と OIE の「共生」は、よりインクルーシブでありながらも進化した国際教育の実現の鍵となるのではないだろうか。

　オンライン型国際教育の行く末は今まさに皆が創り上げていると言っていい。それは、後発な動きではなく、変化を創るという、フロンティアの動きである。日本社会は、社会の変容となると「静観して結果を待ち、後発で動く」ことが多い。しかし、パンデミックがもたらした大きな契機においては、そのような悠長なことを言っている場合ではない。国際教育は、常に流動的な要因にさらされる分野である。変化に敏感でおらずに、どうして次世代を担う人材育成ができるだろうか。産業界はニュー・ノー

マルではなく、ネクスト・ノーマルという言い方をすでに 2020 年から
使っている。教育界は、その産業界へ人材を輩出する役目を担っているの
だから、遅れをとっていては適性のある人材育成ができない。ネクスト・
ノーマルへ、JPN-COIL 協議会も、大学も、否応なく向かっているのであ
る。

注

i　　https://kuiige.wixsite.com/ku-intnlforum21（最終アクセス 10-24-2022）

ii　　IIGE でも、アバターソーシャルアプリ（Virbela）を用いた Virtual Exchange プログ
　　　ラムを 2022 年 2 月にローンチさせた。また、文部科学省助成事業「デジタルを活用し
　　　た大学・高専教育高度化プラン」の一環として、VR と 360°ビデオ教材を応用した教
　　　育モジュールの開発を 2021 年 11 月からスタートさせた。詳細は以下の URL を参照の
　　　こと。
　　　関西大学の教育 DX　https://ku-dx.net/（最終アクセス 10-24-2022）

第三部

パラダイムシフトを後押しする
教育テクノロジー

第9章　デジタル・テクノロジーを活用した大学の教育実践

本村康哲

1.　はじめに

　1990 年代に PC とインターネットが普及して以来、2020 年はそれまで遅々として進まなかった大学教育の現場におけるデジタル・テクノロジー（ICT）利用が一気に進展した年であった。世界的な感染症流行によって授業を維持するために ICT に頼らざるを得ない状況が出現したためである。教師たちは学習者に授業内容を届けようと遠隔授業の実施に悪戦苦闘した。それと同時に、これまで当然と思われた教室での授業の価値が問い直されることになった。教室でしか成立しないはずの授業が、ICT を利用することでしか成立し得ない状況下で、学校、授業、教師の役割についても再考する機会がもたらされた。このように、教育全般のありようが議論され、再検討を迫られたという意味において 2020 年は教育ビッグバンと言ってもよいだろう。しかし、多くの学校関係者は、いずれ感染症が収まり、かつての元通りの面接授業が戻ってくると考えている。教室に学習者を集めその前で教師が講じる面接授業は、教師にとって疑いようのない教育の枠組みであり、それが失われることはあってはならないのだろうか。その一方で、多様なメディアから情報を吸収する術を身に付けたデジタルネイティブ世代の学習者は、必ずしも面接授業でなければ学習できないわけでないことも明らかになっている。すでに ICT があらゆる場面で利用される今日、教師と学習者が持つ学習観のギャップは解消されていくのだろうか。本章では、教育と ICT の関係を概観しながら、デジタル・テクノロジーを活用した大学の教育実践について述べる。

2. 教師の役割

　感染症拡大下にいたるまで一部を除いて通学制の大学では、ICT を利用したメディア授業はまったくといってよいほど盛り上がらなかった。むしろ大学におけるメディア授業は敬遠されてきたといってもよい。その理由は、教室で人（教師、ティーチングアシスタント）が教える授業が教育の根幹であるという認識が一般的にあるからであろう。多様なメディア（ICT）を利用して学ぶことは、本を読むのと変わらない。それなら、コストが安い本を読めばよいということになる。しかし、誰もが本を読むことで知識を吸収できるわけではないので、教師がわかりやすく説明したり、足場を作ったりする必要があり、教師はそういった意味でも教育の主役であると考えられている。

　また、ICT によって教師の役割が縮小していくことへの抵抗も大きい。このことは、2000 年代中頃に初年次教育が導入され始めた際にも同様の反発があった。学習者の活動を中心とした双方向型の授業が初年次教育を中心に導入され始めたからである。初年次教育に関連する学会や学内研修では、「教師は何をすればよいのか」という声が教師側からあがるのを何度か見聞した。授業という場は、教師が学習者へ向けて一方向の情報伝達を行うものであり、教師が教室の学習者を制御するものと考えられていたため、多くの教師にとって戸惑いと反発は大きかった。現在においても状況はほとんど変わっておらず、教室という伽藍で、授業という儀式を執り行う司祭であるかのような教師の位置付けは相変わらずである。このように、教育における教師の役割は未だ重要であると信じる人々にとって、それを矮小化する双方向型の授業や ICT は異教の聖典のようなものであり、その導入が進まないのは当然であろう。

　ところで、教育のゴールは何であろうか。教師の役割はどうあるべきなのだろうか。

　アラン・ケイは、教師の役割は教えることではなくコーチすることであ

るべきだと述べている（Kay 1992）。コーチ（coach）とは、人を目的の
場所に運んでくれる馬車や客車・自動車の車両である。転じて、指導を受
ける者を運ぶ指導者という意味である。ケイはパーソナルコンピュータ
（PC）のアイデアを personal dynamic media（個人用の動的媒体）である
"Dynabook" として提示したと言われている。しかし、Dynabook の根底
には、本（静的媒体）やそれを読み説く教師（動的媒体）に代わる媒体、
学習者をゴールまで運んでくれるコーチを実現することが本来の目的で
あったと考えられる（Kay & Goldberg 1977）。ケイは教室に教師の存在
を必ずしも必要としない学習の可能性を示したのである。Dynabook の概
念は、文字・画像・音声・動画などの複数の媒体を扱う存在として、
Xerox の Star、Apple の Lisa、Macintosh、そして Microsoft の Windows
へと継承されていく。しかし、教師に代わる個人用の動的媒体としての思
想は、その立場を危うくする可能性を内在しているがゆえに継承されな
かったのではないだろうか。

3.　教育におけるテクノロジーの変遷

　教育におけるテクノロジー利用の端緒は視聴覚教育であろう。従来の教
科書や副読本等の紙媒体に掲載されている文字・図表等の静的な情報では
なく、時間軸が加わった動的な情報は、この数十年間教育現場において供
され現在に至る。戦後、GHQ の指示によって 16mm 映写機とフィルムが
日本政府に貸与されて以後、視聴覚媒体を利用した映画教育が全国の教育
現場に広まった（学制百年史編集委員会 1972）。そして、1960 年代のテレ
ビ放送技術の成熟と受像装置の普及を踏まえて、教育番組の増加や放送教
育へと発展してきた。1980 年代に入り通信技術が台頭してくると双方向
性を持つ「ニューメディア」への期待が高まり、それと共に PC を利用し
た CAI（Compute Assisted/Aided Instruction）についても実験的な試み
が行われるようになった。しかし、実運用に耐えうるコンテンツの制作と
運用にかかるコストは、教育現場で普及するほど低廉なものではなかった。

　1989 年には小・中・高等学校において教育活動の中でコンピュータが積極的に活用されることが目標とされ、中学校の技術・家庭科において新たな選択領域「情報基礎」が導入された（文部科学省 2006）。1990 年代に入って Windows95 が登場したことで GUI を備えた廉価な PC が市場に出回るようになった。ちょうどこの時にはインターネットの商用接続サービスが開始され、「PC ＋ネット」が一般に浸透し始め、大学の教育現場への大量導入が始まった。しかし、それは授業での利用を目的としたではなく、理工系の研究室に設置され、数値計算などのプログラムを利用者自らが作成して計算処理を行うものであり、大型計算機センターにおける主役であったメインフレームの補助的な存在にすぎなかった。

　その後、2000 年前後の IT バブルの勢いが教育現場にも波及し、これからは学生が「ICT を使いこなす」ことが就職実績につながるということで、大学教育にも PC でワープロや表計算等のアプリケーション・ソフトウェアの使用方法を教えるカリキュラムが設けられ、「情報教育」として位置づけられようになった。この時点においても、授業への ICT 導入は情報関連科目に留まっていた。この頃から IT（Information Technology）は、統合的な通信要素を含んだコンピューターネットワーク（Communications）を合せ、ICT（Information and Communications Technology）と呼称されるようになった（林 2016）。

　時を前後して 1990 年頃の授業におけるテクノロジーは板書に代わる OHP（Over Head Projector）やフィルムスライドが利用されていた。しばらくして、Aldus 社の Persuasion（後に Adobe 社が買収）や Microsoft 社の PowerPoint スライドに代表されるようなデジタル・プレゼンテーション・ツールが使われ始める。これらは学会発表等で先行して使用され、その利便性と情報伝達効果を感じた一部の研究者が導入したものであった。デジタル・プレゼンテーションの利点は、板書の手間が省け、再利用と改善が容易であり、必要に応じて配布資料としても利用できる。また、色刷りの図表や動画の掲載も可能なので、視覚的にわかりやすい情報を提示し易い。授業を受ける学生にとっても板書の手間が省けるため、お

おむね歓迎された。その一方で、教師によってはスライドの遷移が早すぎてわかりにくい、1枚のスライドの情報量が多すぎて短時間で理解できない、学習者の知識の定着が悪いという点も指摘されており、人によって評価がわかれている。

4. LMS の導入

　このような方法以外にも、ICT を利用した授業改善・授業支援の方法が試みられてきた。それまで教材の提示は、教師自身が資料を学校の印刷室で印刷して教室で配布する、レポート等の課題を授業中に資料や板書で提示し翌週に授業で回収することが一般的であった。そして回収した課題を採点し、採点表に転記して教務事務に提出する一連のルーチンが学期末の重要な業務の1つであった。これらの業務を支援するシステムとして、1990 年代後半から LMS（Learning Management System：学習管理システム）が導入されるようになった。

　元々 LMS は面接授業を前提としない e ラーニング（ICT による自学自習）を目的に、学習コンテンツの提供、学習の管理、追跡等の機能を備えたコンピュータ・システムとして構築された。その用途は学校教育にとどまらず、企業のトレーニングプログラムや人材開発、研修等の幅広い分野への適用を視野に入れている。1990 年代後半に北米では Blackboard やWebCT 等の製品がリリースされて徐々にシェアを伸ばし、2000 年代にはオープンソース・ソフトウェアの moodle, Sakai, canvas が公開された。国内大学への組織導入も 2000 年代から徐々にではあるが始まった（**図 1**）。

　しかしながら、2010 年代に入っても LMS の利用は一部の教員の間にとどまっていた。その理由を ICT への習熟度の低さに求める説もあるが、すでに多くの教員は研究に PC を導入しており、メールやワープロなどの基礎的な ICT スキルはあったと考える方が自然である。むしろすでに出来上がっている業務ルーチンを変更することを厭うのは大学教員であったとしてもご多分に漏れないであろう。またそれが許されてきた職種である

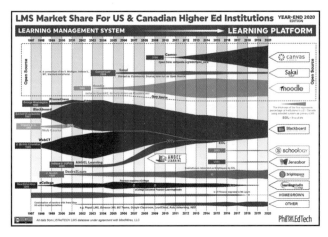

図1　北米の高等教育市場における LMS 占有率（2020 年まで）

ことも ICT 利用が進まない要因の１つであると考えられる。さらに、前述のように、教室での教師の役割を縮小させることを避けたかったのかもしれない。

5.　ビデオコミュニケーション

　2000 年代初頭に提供が始まった PC ソフトウェアの Skype（後に Microsoft 社が買収）は、複数とのコミュニケーションは当初音声のみであった。徐々に映像でのコミュニケーション可能人数が増えてはきていたが、多地点同時接続数の技術的制約から少人数ゼミ等を除いて授業で利用されることはほとんどなかった。2010 年前後には、多地点を同時接続するビデオコミュニケーションシステムが普及を始めようとしていた。一部の大学では高品質の映像送受信を可能とする専用機を通したビデオ会議システムが導入され始めた。しかし、高額で設置場所を選ぶため、通学制の大学においては授業外での個別指導などごく一部の用途での使用にとどまり、ビデオコミュニケーションが正規の授業で使用されることはほとんどなかった。しかし、2010 年代中頃から多地点接続を PC のソフトウェア

で簡便に実現するサービスである Zoom Meetings の提供が始まる。そして、2020 年の感染症の世界的拡大によって一気にビデオコミュニケーションの利用が拡大した。遠隔教育やテレワークの中心的存在として、大学だけでなく、小・中・高等学校、企業等で導入され、多くのユーザを獲得することになる。

　また、VOD（Video On Demand）の可能性も 1990 年代から模索されてはいたが、動画制作の時間的・費用的・人的コストが高く、配信のための通信回線の性能も低く、日常授業の実用に供するにはまったく不十分であった。しかし、1990 年代から始まったインターネットやデジタルカメラの技術的進展と携帯電話への撮影・録画機能の搭載、2005 年に開始された YouTube（後に Google によって買収）等の動画共有サービスや、2007 年以降 Apple 社の iPhone, Google 社の Android 端末等の高画質カメラを搭載したスマートフォンが爆発的に普及し、動画の撮影・視聴コストは格段に低下し続けている。現在では、誰もが高品質な画像と音声の映像を発信媒体として利用できるようになった。スマートフォン 1 台あれば、撮影・編集・配信が完了してしまう。2020 年には授業に動画を導入する技術的裏付けは成熟しつつあった。このため、感染症拡大下での遠隔授業で、個々の教員が VOD を利用することは十分に可能なところまで来ていた。

6. 面接授業とメディア授業

　単位認定が可能な「メディア授業」は、平成 13 年度文部科学省告示第51 号において「多様なメディアを高度に利用した授業[i]」として**表1**のように定義されている（高等教育局大学振興課 2018）。これらの要件を充足する授業を実施するための方法は以下のとおりである。

a. オンデマンド型授業

　オンデマンド型授業の場合、決まった曜限の時間帯に学習を行わせる必要はなく、学習時間を柔軟に設定できる。あらかじめ準備した教材を

LMS で提示して学生に取り組ませることになる。また、教材も担当教員以外の他者が作ったものを使用してもかまわない。ただし、設問解答、添削指導、質疑応答等の十分な指導や、学生の意見交換の機会を確保することが必要である。

b. 同時双方型授業

　面接授業に近い環境が要求されるため、ビデオ会議システムを使用して教員と学生が映像・音声で双方向のコミュニケーションができる環境で実施することになる。ただ、ビデオ会議システムにはビデオ会議の安定的な運用に特化したものが多く、課題の提示・回収等教育に必要な機能をほとんど備えていない。そのため、ビデオ会議システムに加えて LMS を補完的に利用して授業展開する方法が望ましい。

　面接授業にせよビデオ会議システムによるメディア授業にせよ、同時双方向型の特徴は、教師側から見れば学習者の顔色をうかがいながらアドホックに進めることが許容される点にある。教科書があれば、話の流れを決めておいて、適当に進めることができる。学習者側から見ると教室で友

類型	同時双方向型（テレビ会議方式等）	オンデマンド型（インターネット配信方式等）
形態	同時かつ双方向	同時または双方向である必要はない
要件	・教室等以外の教室、研究室又はこれらに準ずる場所において履修させるもの ・面接授業に近い環境で行うこと ・教員と学生が、互いに映像・音声等によるやりとりを行うこと 学生による質問の機会を確保する	毎回の授業の実施に当たって、教員若しくは指導補助者が当該授業の終了後すみやかに、 ・設問解答 ・添削指導 ・質疑応答等 による十分な指導を併せ行い、かつ、当該授業に関する学生の意見の交換の機会が確保されているもの
適用授業	演習型（ゼミ、講読、語学）	講義型
利用システム	ビデオ会議システム＋ LMS	ビデオ配信プラットフォーム＋ LMS

表1　「大学における多様なメディアを高度に利用した授業」の類型と要件

156

人たちと共にライブ感を得ながら教師の話を聞くことができる。しかし、長時間の聴講は多くの学習者にとって困難を伴うのが現実である。このため「出席点」や「ミニッツペーパー」で拘束することで、授業の場を成立させることになる。面接授業では前席でうなずきながら聞いてくれる学生の存在に意を強くした経験は、教壇に立った者であれば誰しもあろうかと思う。しかし、教師側の「伝わった」という思い込みと学習者側の「理解できた」という思い込みは、学習者の理解を促すことに寄与しているかは疑問である。面接授業であれ遠隔授業であれ、リアルタイム授業は一方的な情報伝達に終始しがちであるが、その場での質疑応答などのやりとりは必須であろう。

　一方、オンデマンド型は、教師側に綿密な授業設計が求められるため、LMS の利用が必須となる。適切な進度の授業計画のもとに、資料（文字、音声、画像、動画）や課題等の教材を提示し、課題や質問へのフィードバックを適宜行うことが求められる。学習者は必要に応じて何度も資料を見返しながら理解に至るまで学習を進めることができる。また、メディア授業は動画や音声等の動的な媒体を複合的に扱うことが可能であり、設計次第では認知能力が高くない学習者であっても内容の理解へとつながる可能性が期待できる。しかし、隣にクラスメイトがいることはなく孤独な学習を強いられる。

7.　コロナ禍の大学の教育実践

　2019 年に発生した新型コロナウイルス感染症は、翌 2020 年初頭にはさまざまな経路から日本国内で広がりつつあった。新学期を控えた 3 月 13 日に「新型インフルエンザ等対策特別措置法の一部を改正する法律」が公布され、いよいよ緊急事態宣言が発出されようとしていた 3 月下旬には、文部科学省より大学への通達の中で遠隔授業の選択肢も示されていた。これを受けて、筆者が籍を置く関西大学も授業日を繰り延べて 4 月 20 日を授業開始日としていた。

　緊急事態の宣言は相当な混乱が予想されるため、履修者、特に1年次生との接触は早い方がよいと考え、ビデオ会議システムやLMSを利用した授業を実施すべく3月中旬より準備を始めた。大学のポータルシステムを利用して履修者への連絡を行い、例年の学年暦通り4月5日より授業を開始した。

　授業形態として、同時双方向型、オンデマンド型、教材配置型を選択することができたが、教材配置型は本を読むのと変わらず履修者の不満が予想されたため、同時双方向型とオンデマンド型を選択した。

7.1　機材の準備

　外出自粛もあり、自宅から遠隔授業を行うべく、当初はPC付属のカメラとマイクで十分だろうと考えた。しかし、毎回の授業でアンケートを採った結果、履修者から音声が聞き取りにくいという不満と苦情が散見された。自宅で収録やビデオ会議を行っているためか、ぼそぼそとした話し方になることが多く、PCのマイクでは音声をうまく拾い切れていなかったようである。このため、急きょマイクとUSBオーディオインタフェースを購入し、音質の改善を行った。それ以後、音質に関する苦情はなくなった。

　映像は教師の姿をスマートフォンで撮影し、動画ファイルをそのままクラウドストレージ（Google Drive）に保存し、共有リンクをLMSに提示した。PC画面操作動画はZoomの録画機能を利用して動画ファイルを取得し、同様にGoogle Driveで共有した。

7.2　LMSの利用

　関西大学では、工学部で開発されたLMSであるCEAS（現OpenCEAS）が2002年度から稼働していた。筆者は2003年度より一部の授業で試験的に利用を始め、2004年から全科目での利用を目指して、授業設計とともに資料や課題等の教材作成に取り組んできた。このため、遠隔授業でのLMS利用にはまったく障害はなかった。

7.3　Zoom によるリアルタイム遠隔授業

　演習（ゼミ）形態の授業は、タイムラグの少なさや UI のわかりやすさ
を考慮し、ビデオ会議システムとして Zoom を利用することにした。特に
初年次ゼミでは、説明等の一方的な情報伝達は最小限にとどめ、ブレイク
アウトルームを利用して履修者同士のコミュニケーションを重視した授業
を行った。もともと面接授業においても、演習授業では協働作業による学
習成果物構築作業を中心とした授業を行っていた。グループ内での雑談を
推奨し、人間関係の形成を主眼としながらも、学習成果物の形成を目標と
して協働作業を行わせてきた。遠隔授業においてもこの方針を踏襲したこ
の授業はおおむね順調に推移し、履修者のアンケート回答では、オンライ
ンでもクラスメイトとゆっくりと話ができた、友人ができた、孤独が避け
られたという旨の記述が多かった。

　授業終了後は、ビデオ会議システムを通して受講生からの質問と相談に
も応じた。こういった学生たちとの交流では、実は顔をほとんど見ていな
い。学生とのオンラインコミュニケーションでは、こちらは顔を出して
も、相手は顔を出してくれないことがほとんどである。しかし、筆者はこ
れまでビデオ会議システムを利用して音声だけで共同研究者と長時間議論
しながら研究活動を行ってきた経験もあり、何ら違和感なく対応できた。

図2　Zoom によるゼミ（初年次ゼミ）

顔が見えない対話は電話と同じで、相手の表情をうかがいながらのコミュニケーションよりも話の内容に集中できるメリットがあるように思われる。

7.4　ビデオによるオンデマンド授業

　2020年度春学期当時の状況は、履修者がスマートフォンは所持していてもPCの端末所有率が低く、加えて安定的に通信できる回線も準備できておらず、回線が途中で切れることもしばしばであった。学習者のプアなネットワーク回線と視聴環境を鑑みると、講義形式の授業はオンデマンドで実施する方が履修者の学習内容理解につながると考えたため、PDF資料にビデオを埋め込んだオンデマンド授業を実施することにした。

　当初、導入部とまとめは、講師からのメッセージビデオ映像をスマートフォンで撮影し、本論ではZoomの録画機能を使用したビデオ映像を用いて、PDF資料にビデオ映像へのリンクを埋め込んだ教材を作成した（**図3**）。動画は編集をすると非常に時間がかかり、教材作成の負担が増えるため、できるだけ編集しないように一発撮りで臨んだ。多少言いよどんだり、冗長な言い回しがあったりしたが、継続することを優先し、多少のミスには目をつぶることにした。それでも何度か撮りなおすことも多かった。

　オンデマンド授業は学習者の独習能力に依存する。文字中心の教材を配置する遠隔授業の評判が悪いのは、書籍の文字を読むのと変わらないからである。時間軸を含む動画や音声等の動的媒体が学習者内部での動的イメージの生成を促す。このため、必ず動画と音声を教材に挿入することで、学習者の意欲と理解を促すことになる。また、何度でも見たいところを必要に応じてアクセスできることは、より深い理解につながると考えられる。後に文部科学省やいくつかの大学が行った調査でも、オンデマンド授業のメリットとして、何度でも見直すことができるということが上位に挙げられている。

　その一方で、教師側は履修者の顔が全く見えないため、履修者をイメージしながら教材を構成していくことになる。そこで履修者像の手がかりとなるのが、LMSを用いた質疑応答とアンケートである。毎回の授業で必

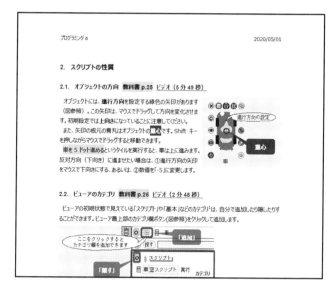

図3　ビデオを埋め込んだ PDF 資料によるオンデマンド授業
（プログラミングの授業）

ずアンケートを実施し、どこまで理解できたか、何が問題となったかについて回答を求めた。それを参照しながら、教材を改善し、課題量や提出期限などを調整して行った。結果として、面接授業では履修者が取りこぼしていた内容がオンデマンド授業では減少していることが課題の成績が向上していることから明らかとなっている。

8.　対面授業再開後の遠隔授業

　関西大学では、2020 年度の秋学期より原則として面接授業が再開されることとなった。しかし、面接授業で取りこぼされていた内容がオンデマンド授業で拾われるようになってきたことから、所属学部に申請をしていくつかの科目でオンデマンド授業を継続することにした。よりよい品質の映像と音声で収録できるよう機材を見直し、音質、画質を向上させたオンデマンド教材を制作する設備を構築した。それと共に、面接授業をしなが

らリアルタイム配信とオンデマンド配信を同時に実現できる機材セットを
開発し、教室に持ち込んで試用することにした。

8.1　オンデマンド教材収録システム

　PC で提示する資料（スライド、PDF 資料、使用ソフトウェア）の他、
書画カメラ、タブレット PC による板書などを必要に応じて適宜切り替え
ながらオンデマンド教材を構成するシステムを構築した（**図 4**）。教材中
で教師が解説する姿を合成することも可能である。画面中に教師の姿が必
要なのか疑問に感じたが、最初のアンケート回答によると、あったほうが
よいと全員が回答したため、以後教師の姿を画面合成した（**図 5**）。

　このシステムを使った 2021 年度のオンデマンド授業「デジタルメディ
ア情報処理 a/b」では、ビデオ編集ソフトウェアを用いたビデオ編集につ
いて講義した。まとめの学習成果物として、デジタルストーリテリング制
作を課した。この授業は今期初めての内容だったため、感染症拡大前との
比較はできないが、アンケート回答では資料や説明をゆっくり何度でも視
聴できるので、オンデマンドでよかったという意見がほとんどであった。

図 4　オンデマンド教材の収録システム[ii]

図5　オンデマンド教材の例（デジタルメディア情報処理）

8.2　リアルタイム配信システム

　面接授業を行いながら、教室の雰囲気も捉え、リアルタイム配信するシステムを構築した（**図6**）。このシステムは、ウェブカメラを複数台接続して、教師の話す姿、教室内の様子、書画カメラ、板書タブレット等の複数映像を1つの画面に合成し、教室のプロジェクタに提示するとともにオンラインでの配信を可能とするものである（**図7**）。

　動画配信プラットフォームとしてYouTubeを使用し、ライブ配信機能を用いてリアルタイム配信を行っている。YouTubeであらかじめライブ配信のリンクを作成してLMSに貼り付けておけば、授業時間が終了した後にライブ配信のリンクはオンデマンド配信に切り替わる。

　このシステムを使って、ワープロソフトウェアで論文執筆を指導する「ICTベーシックス」、情報処理の基礎知識を開設する「基礎からの情報処理」等複数の授業で運用を行った。感染拡大下では履修者が感染したり濃厚接触者となったりした場合は教室に来られなくなる。また、他の疾病で面接授業を受講することが叶わなくなる履修者が出る中で、このシステムが有効に機能する場面が何度かあった。YouTubeの視聴履歴を見ると、面接授業のライブ配信中以外の視聴も多く、詳細は不明だが、何度もオンデマンド視聴している様子がうかがえる。視聴している履修者は、教室で

はなく遠隔授業のみの受講も考えられるが、感染症拡大前と比較して成績が下降しているわけではなく、むしろ上昇している。

図6　面接授業で使用するリアルタイム配信システム

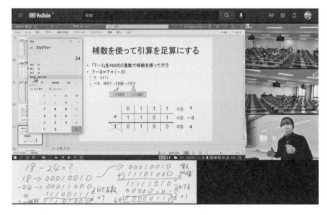

図7　面接授業時のリアルタイム配信の様子（基礎からの情報処理）

9.　おわりに

　これまで大学の授業、特に講義形式の授業は教師中心の教授主義である。教師が説明したことを学習者は細大漏らさず入力・記憶・再現することが求められている。1 時間以上の間、人の話を聞き続けて、すべてを把握できる人はどれくらいいるのだろうか。相当高度な認知能力を持っていたとしても、一過性の面接授業においてこれはかなり困難な所業である。また、入試の多様化でさまざまな認知能力を持つ学習者に対してその特性に合った学習手段を提供するのがこれからの大学教師の任務となっている。しかし、面接授業でいくら教材や教え方を工夫したところで、多様な認知能力を持つ学習者に対して一律の情報発信だけでは理解の促進が難しい。オンデマンド授業はそれを補完し得る新しい学びの形態である。このような面接授業の課題が明らかとなった今、新たな授業形態を模索し、次世代の教育の在り方を議論すべき時が来ていると言えるだろう。

注
i　　大学（通学制）の場合は 60 単位を越えないこと（大学設置基準第 32 条第 5 項）
ii　　図 4 にあるような収録システムは、関西大学にて 2021 年度から着手した教育のデジタルトランスフォーメーション（KU-DX）の事業の一環として、Global Smart Classroom-CUBIC として採用され、5 キャンパスに同様の設備が設置されている。https://www.kansai-u.ac.jp/dx/（最終アクセス 11-10-2022）

参考文献
学制百年史編集委員会（1972）. 学制百年史. https://www.mext.go.jp/b_menu/hakusho/html/others/detail/1317552.htm（最終アクセス 01-20-2022）
高等教育局大学振興課（2018）. 制度・教育改革ワーキンググループ（第 18 回）配付資料 資料 6 大学における多様なメディアを高度に利用した授業について（PDF：486KB）. https://www.mext.go.jp/b_menu/shingi/chukyo/chukyo4/043/siryo/1409011.htm（最終アクセス 01-24-2022）
文部科学省（2006）. 中学校学習指導要領（平成元年）. 参照先：国立教育政策研究所　教育研究情報データベース. https://erid.nier.go.jp/files/COFS/h01j/index.htm（最終アクセス 12-15-2022）
林向達（2016）. 教育と情報の歴史研究への誘い. 視聴覚教育 70（1）.
Kay, A. C., & Goldberg, A. (1977). Personal Dynamic Media. Computer, 10（3）, 31-41.

Kay, A. C. (1992). 教育技術における学習と教育の対立：コンピュータと教育. 著：Kay Curtis Alan, アラン・ケイ（ページ：143）.

第 10 章　ICT が実現するペダゴジーからアンドラゴジーへと誘う国際教育の設計

岩﨑千晶

1. 現代社会において大学生に求められている能力

　工業化社会、情報化社会、知識基盤社会と、社会状況に合わせて、各時代で活躍できる人材に求められる能力はどういったものになるのか、またその能力をどのように育むことが望ましいのかに関する議論は従来から行われている。工業化社会においては、定型的な問題への対応策を習得することが重視されてきた。問題は決まりきっており、問題を解決するための方策も提示されており、その方策を効果、効率的に実施できる人材が重宝された。その後、情報化社会、知識基盤社会へと移行するにつれ、社会で起きる問題が複雑化し、問題を発見することが難しい状況へと変わっていった。こうした時代においては、複雑な現状から問題を発見し、それを他者と共に解決することができる能力が重視されるようになった。そして、現在のポスト・コロナ時代、言い換えればリスク社会にはどのような能力が求められるのか。リスク社会では、他者と共に解決した内容を反省的にふりかえり、改善していくことが重要だとされており、これは従来の習慣の実施が困難になる問題状況において活性化する（船津 2014）。昨今ではコロナといったリスクにより、大学教育では、当たり前のこととして実施してきた対面授業の実施が難しいという問題状況に陥った。海外に行くことができず、留学も学習者の意志に基づき自由に実施できなくなった。留学生の受け入れも困難な状況になった。こうした問題状況を目の当たりにして、大学は今後の授業をどうすべきか、グローバル人材の育成をどうすべきかを内省的に考える機会を得たと言える。
　OECD（経済協力開発機構）は、2030 年に学習者に求められる能力として認知能力に加えて、非認知能力として社会情動的スキルの育成を重視

している。社会情動的スキルは目標の達成（忍耐力、自己調整、目標達成への意欲）、他者との協働（社交性・敬意・配慮）、情動の制御（自尊心・楽観性・自信）から構成されるものである（経済協力開発機構 2021）。つまり、現代のようなリスク社会では認知能力に加えて、目標を達成するために粘り強く挑戦し続ける力や、複雑な社会問題を扱い、その問題を解決するプロセスにおいて他者への配慮や敬意を忘れず、協力しながら活動を進めていく能力、また活動を実施している際に、自らの能力を信じることや、課題に直面したときも気持ちをコントロールして解決していく能力等が必要とされている。こうした能力は、文部科学省グローバル人材育成推進会議（2012）がグローバル人材に求める能力として提示している「要素Ⅰ：語学力・コミュニケーション能力、要素Ⅱ：主体性・積極性、チャレンジ精神、協調性・柔軟性、責任感・使命感、要素Ⅲ：異文化に対する理解と日本人としてのアイデンティティー」の要素ⅠやⅡと同様の能力であると言える。つまり、高等教育における国際教育では認知能力に加えて、非認知能力を育むことができる学習を展開することが求められるといえよう。

2.　学習者の学びを育むアクティブラーニング

　前節で述べた能力を育むためには、高等教育では従来のように教員が講義形式で授業をするだけではなく、学習者が主体的に学ぶアクティブラーニングが求められる。実際に異文化において対応していくには、単に教員から理論を教授されるだけではなく、学習者による経験や能動的な参加によって学習することが有益だと指摘されている（市村 2021、加藤 2009）。しかし、費用面での課題や、コロナのように感染症の問題から渡航が自由にできず、これらを実施することが容易ではない場合もある。

　こうした際に ICT を活用した教育実践の取り組みが効果を発揮する。例えば、岩﨑・池田（2015）は、関西大学とハワイ大学で COIL（Collaborative Online International Learning）を行っている。学生は「クラブ活動」

「キャンパスライフ」「大学の授業」「大学の施設」等のテーマに応じて関西大学の現状を調べるとともに、ハワイ大学の学生に現状を尋ねるアンケートを英語で作成し、調査結果を分析した。その後、学生は、外国人留学生や TA の協力を得て、調査結果をスライドにまとめ、読み原稿を作成し、英語でプレゼンテーションを行った。学生は、このプレゼンテーションの映像をハワイ大学へ送り、ハワイ大学の学生からはコメントが寄せられた。学生を対象にしたアンケート調査の結果では、このような学習活動において「異なる文化背景の人々との関係性構築」「状況調整能力」に関して高い学習効果を得られる傾向が見受けられている。

　また同じく関西大学とニューヨーク州立大学（SUNY）で COIL を行った際は、現代版のイソップ物語を協働翻案した。日本の学生と SUNY の学生がイソップ物語から 1 つ選び、それを現代版にアレンジしながらともに物語を翻案し、ストーリーに適したイラストを交えながらスライドを作り上げていく活動が行われた。このプロセスでは、日本とアメリカではよく知られているイソップ物語が異なるという驚き、英語を使って共にストーリーをつくりあげていくという楽しさ、思い通りの進度で活動が進まないことや自分たちの意図が伝わらないという協働の難しさ等を経験した学生の姿が印象に残っている。これらはコロナ禍以前の取り組みであるが、コロナ禍においても池田（2022）のように、日本にいながら ICT を通して、海外にいる学生と日本にいる学生らが能動的に参加できる「オンライン国際教育プログラム」が展開されている。どの取り組みも ICT を活用して、学習者が主体的に海外の学習者と交流することで学んでいくことができるような設計がされており、他者との協働、情動の制御といった非認知能力の育成にも配慮したアクティブラーニングが展開されている。

3.　ICT を活用した国際教育の設計

　国際教育はグローバル人材の育成に有効であることが様々な取り組みから示されているが、具体的に ICT を活用した国際教育をどのように設計

することが望ましいのであろうか。文部科学省（2005）によると、国際教育とは「国際化した社会において、地球的視野に立って、主体的に行動するために必要と考えられる態度・能力の基礎を育成する」ための教育であり、そのねらいは「自己を確立し、他者を受容し共生しながら、発信し行動できる力を育成すること」とある。

　教育活動を設計する際は、まずその活動を通してどのような能力を育むことが望ましいのかを考える。文部科学省のねらいには「自己を確立し、他者を受容し共生しながら、発信し行動できる力を育成すること」とあるが、実際の教育活動に落とし込んでいくには目標が大きい。そこで、「知識・技能、思考・判断・表現、関心意欲・態度」等にわけて目標行動を提示できるようにするとよい。例えばオーストラリアとの交流学習の場合、「知識・技能」では「他国と自国の社会状況について説明できる、簡単な英語で自分の意思を伝えることができる」等である。「思考・判断・表現」では「共通のテーマを設定し、オーストラリアと日本との共通点と差異を比較する」、「関心意欲・態度」では「自ら積極的に他者に話しかける」といった具合である。

　次にそれぞれの能力を育むためにはどのような教育方法が適しているのかを選択していく。例えば、交流テーマの設定を考える場合、どういった能力を育みたいのかを基にして考える。「異文化の違い」を重視するのであれば、身近な日常生活から「制服」「学校生活」「祭り」等いくつかのテーマを取り上げて比較することが考えられる。「コミュニケーション力や海外の人と協働する力」の育成を重視したいのであれば、「日本人と海外の学生でグループを作り、1つのイラストを共に作る、物語を作る」といったテーマがあるだろう。

　共通のテーマを用いて比較する場合であれば、お互いを紹介するビデオを作成し、テーマを選択し、比較する項目を考える。これらの取り組みはメール等の非対面コミュニケーションであっても実施できるため、実践を始めやすい方法であると言える。一方、共に物語を作るということになると、パワーポイントで行うのか、協働作業がしやすいICTツールを選択

するのか等を考え、いつまでに物語を決めて作成し、いつ発表をするのか
を計画する。

　最後に、評価の方法である。正課の場合は、国際教育における評価をす
る必要があるが、テストで評価することが容易ではない場合もあるため、
発表資料、活動をふりかえるレポート、活動のプロセスを記録したポート
フォリオを用いることができる。また課外活動の場合は、自己評価におい
て、国際教育の活動が自分にとってどういった意義があったのか、また課
題は何であったのかを考えることができればよいだろう。国際教育ではア
クティブラーニングを導入されることが多いため、外面的には発表した
り、議論をし合ったりといった活動が活発に行われているように見える。
しかし、内面的に学習者が何を学んだのか、どういった変容があったのか
についてもふりかえる機会を設ける必要がある（松下・田口 2012）。

4.　ペダゴジーからアンドラゴジーへと誘う国際教育のデザイン

　次に ICT を用いた国際教育の工夫としてどのようなものが求められる
のかについて検討する。まず教育の考え方として「ペダゴジー」「アンド
ラゴジー」を取り上げ、それぞれの定義と違いを概観する。ノールズ
（2008）によると、「ペダゴジー」はギリシャ語で子どもを意味する paid、
指導を意味する agogus からきており、「子どもを教える技術と科学」の
ことであり、「アンドラゴジー」は「大人の学びを支える技術と科学」の
ことを指している。ノールズ（2008）はペダゴジーとアンドラゴジーの
考え方を比較し、ペダゴジーでは、教師が教育で何を学ぶか、どのように
学ぶか、何が達成できたのかを全て判断し、学習者はそれに依存するもの
であると示している。一方、アンドラゴジーでは学習者が自らの意図を
もって、何をどう学び、何が達成できたのかをふりかえることが求められ
る。またそのプロセスには学習者自身の経験も影響するが、ペダゴジーで
は学習者自身の経験は重視されず、教員の経験や教科書執筆者による経験
が用いられる。学習方法にも違いがある。ペダゴジーでは教員による講義

171

形式が採用されるが、アンドラゴジーではディスカッションやロールプレイング、フィールドワーク等が採用されるという。このようにみていくと、ポスト・コロナ時代におけるグローバル人材の育成に向けた国際教育はペダゴジーからアンドラゴジーへと誘うことが望ましいと言えよう。そこで、国際教育におけるペダゴジーからアンドラゴジーへと誘う ICT 活用のデザインについて述べる。

4.1　個別最適化の学びと協働的な学びに配慮し、国際教育に関する知識習得として ICT を活用する

　コロナ禍では海外に出向くことが難しくなった反面、海外の大学教員から講義を受けることは容易に行えるようになった。従来から MOOC で海外の大学が提供する講義の受講は可能であったが、実際に利用する日本人学生は限られていたと言えよう。しかし、留学ができないため、オンライン留学として海外の大学の講義を受講しようとする学生も増えてきている。時差がある場合も、オンデマンド授業であれば時間を気にせず、自分のペースに合わせて知識を習得することもできるようになった。動画の再生速度を調節することで、教員が話す言葉のスピードを学習者の能力に合わせて速くすることも、遅くすることもできる。学習者は個々の興味関心や外国語運用能力のレベルに応じて、オンデマンド授業によって異文化理解や海外の事情について学ぶことが従来と比較してずいぶんと容易になった。今後は集団で同じ授業を受けるという形式ではなく、学習者に見合った個別最適な講義映像を視聴することも増えるであろう。

　しかし、外国の大学教員から授業を受けることだけが国際教育ではない。グローバル人材の育成のためには、経験的に学習することが重要である（市村 2021）。そのため、海外の学生とリアルタイムで直接話し合う機会を設けたりして、協働的に学んでいく機会を導入することも重要になる。つまり、今後は国際教育を経験しグローバル人材として活躍することが期待される学習者は個別最適な学びと協働的な学びのバランスを考えながら履修をする必要があるだろう。大学がそれらを考慮したカリキュラム

を提供することはもちろん、自分に必要な科目を履修するカリキュラムマネジメントの能力が学生自身に求められる。こうした状況に合わせて、教員は学習者が授業を受講しやすい環境を整備することが求められる。例えば、オンデマンド授業では、学習者が教員に質問をしにくい環境があることも指摘されているため、教員は学習者が課題の実施方法、課題の内容等どこに課題を抱えているのかを把握し、その対応ができるような配慮が必要になるといえる（岩﨑 2022）。

4.2　モジュール学習を意識し、知識構築型学習のツールとして ICT を活用する

　モジュール学習とは 10 分や 15 分の短い時間の単位で学習の活動を区切る学習方法で、主に初等中等教育で導入されてきた（中央教育審議会 2017）。現在は高等教育においてもこの考え方が導入されている。初等中等教育のように 1 つの授業コマについての区分けではなく、高等教育の場合は 15 回（もしくは既定回数）の講義科目を従来よりも小さい単位で区切ってモジュール化することが考えられている。これに加えて、少人数で学び、比較的長い時間かけて学ぶプロジェクト学習や研究室での学習、大学外で学ぶフィールドワーク演習を併せて履修するスタイルである。船守（2014）によるとマサチューセッツ工科大学（MIT）は、オンライン教育を積極的に導入することで MIT の教育を従来よりも短い単位としてモジュール化し、学習者が従来のカリキュラムよりも柔軟にカリキュラムを組めるようにしている。MIT との連携をして学生の交流、教員派遣や共同研究を行っているシンガポール工科デザイン大学（Singapore University of Technology and Design）においても、同様の考え方が導入されている（千葉ほか 2018）。

　将来的には、日本の高等教育においても、講義科目についてはモジュール学習を意識したカリキュラムマネジメントが求められるだろう。国際教育においても、海外の大学との交流の方法が「比較する」「協働活動をする」「新たな価値を創造する」等があるのであれば、それぞれの方法に適

した講義科目をモジュール化によって学び、その後の学習活動では、大学の国際をテーマにしたプロジェクト学習で学ぶことが望ましいのか、海外の企業でインターンをすることが望ましいのか等を育みたい能力別にわけて、提供することが必要になる。

4.3　アクティブラーニングの内的な側面に配慮し、国際教育で学んだことを伝えるためにICTを活用できる環境を提供する

　国際教育では、学習者が海外に出向いて調査をしたり、海外の学生とオンラインで交流をしたりと、学習活動が盛んであるため学びの外的な側面が目立つ。しかし、活動後に学習者が何を学んだのかという内的な側面にも配慮し、その評価やフィードバックを実施する必要がある（松下・田口2012）。例えば、久保田（2020）は大学生がフィリピンでフィールドワークを行う演習を20年以上実施している。大学生は大学で事前学習をし、フィリピンでフィールドワークをした後、そこで学んだことを報告するために高校の授業に出向いて話をしたり、地域住民を招いた発表会を行ったりしている。報告会では、映像、マルチメディア教材、報告書の作成等を行っており、学習者がフィールドワーク演習で何を学んだのか、その結果、参加者に何を伝えたいのかを映像やプレゼンテーションで表現している。ICTは海外との交流ツールだけではなく、国際教育で学んだ内容を反省的に捉えて、考え、表現し、発信するツールとしても有益であると言える。

　大学は、学習者が国際教育で学んだ成果を報告できるICT機材を整備したり、発表の場を提供したりすることも求められるであろう。アクティブラーニングは授業内にとどまらず、授業外にも展開される。授業外での学びの場として、ラーニングコモンズや関西大学Mi-Room[i]のように自習室を整備すること、外国語を運用する時に質問できる学習支援を提供することも学生の学びを促すために必要になると言えるだろう。

5. ペダゴジーからアンドラゴジーへと誘われ、踏み出す

　このように、ICT を導入することで、学習者が主体的に国際教育に取り組んでいくことができる環境が整備され、グローバル人材に求められる能力も育まれつつあるということが示された。ICT の活用に関しては、テクノロジー・プッシュ（Technology-Push）やデマンド・プル（Demand-Pull）という考え方がある。例えば、コロナ禍におけるオンライン授業の実践は、デマンド・プルであったといえる。オンライン授業を実施できる環境を整備している大学はこれまでも多かったが、実際にそれを行う段階にまではすすんでいなかった。つまりオンライン授業を実施できる環境があり、それを大学が導入していたとしてもテクノロジー・プッシュとしてこれまでオンライン授業は大学教育には受け入れられてこなかった。しかし、コロナ禍で対面授業を実施できない状況に直面し、オンライン授業へのニーズが一気に高まった結果、普及が進んだ。この状況は国際教育にも同様のことが言える。大学には国際教育を推進する制度や授業が準備されているが、その必要性を感じるのかどうかは学習者自身にゆだねられている。いくら大学が魅力的な教育活動を提供しても、そこに魅力を感じるか、やってみようと挑戦する気持ちを持てるのかは学習者次第である。現代社会は失敗することが許されない時代でもあり、あまり無理をせず失敗をしない方法を選択せざるをえない学習者もいると考えられる。ペダゴジーでは、教育者が学習者の学ぶ状況をおぜん立てして、学習者が学んでいく。一方、アンドラゴジーでは学習者自らが自分の課題を認識し、その課題を解決するための学習方法を選択していく。学生にはペダゴジーからアンドラゴジーへと踏み出し、グローバル社会を豊かに生きるために、自分が身につけておくと望ましい力は何か、その力をつけるにはどういった教育方法が望ましいのかを考え、国際教育に取り組んでほしい。英語の試験の結果や外国の人と話すのが恥ずかしいということで自らの限界をつくるのではなく、失敗を恐れず新しいことに挑む勇気をもって、

175

国際教育に取り組んでみようという学生が増えることを期待している。

付記

本章に取りまとめられた研究は、以下の研究費の助成を受けたものである。
科学研究費（基盤研究C）22K02844. 大学における学習支援者の社会情動的スキルを育む学習環境の構築（2022-2025）. 研究代表者 岩﨑千晶.

注

i　Mi-Room とは外国語での異文化コミュニケーションを身近に体験することで、グローバル意識を高め、将来的な留学や外国語を活用した就職・進路を実現するための支援を行う空間で、2015 年にスタートした。現在は関西大学千里山キャンパスに所在する。

参考文献

池田佳子（2022）「オンライン国際教育プログラム」，岩﨑千晶（2022）『大学生の学びを育むオンライン授業のデザイン』関西大学出版部，169-177

市村光之（2021）「異文化コミュニケーションに関する実践的入門科目の試み（座学によるグローバル人材育成の可能性を探る）」『グローバル人材育成教育研究』8（1）：33-44

岩﨑千晶・池田佳子（2015）グローバル人材の育成を見据えた日本人学生と外国人留学生の混在型による初年次交流学習のデザイン．関西大学高等教育研究，第6号：87-93

岩﨑千晶（2022）「オンライン授業における授業設計を考える」『大学生の学びを育むオンライン授業のデザイン』関西大学出版部，19-40

加藤優子（2009）「異文化間能力を育む異文化トレーニングの研究 : 高等教育における異文化トレーニング実践の問題と改善に関する一考察」『仁愛大学研究紀要人間学部篇』8, 13-21.

久保田賢一（2020）大学のゼミから広がるキャリア：構成主義に基づく「自分探し」の学習環境デザイン．北大路出版

経済協力開発機構編（2021）『社会情動的スキル』明石書店

千葉美保子、岩﨑千晶、紺田広明（2018）「シンガポールの大学教育からみる学生の主体的な学びを促す教育プログラム・学習環境デザイン」『関西大学高等教育研究』第9号、91-99

中央教育審議会（2017）「幼稚園、小学校、中学校、高等学校及び特別支援学校の 学習指導要領等の改善及び必要な方策等について」（答申）（抜粋）https://www.mext.go.jp/b_menu/shingi/chousa/shotou/123/shiryo/__icsFiles/afieldfile/2017/05/16/1384980_009.pdf（最終アクセス 12-18-2021）

船津衛（2014）「「二十一世紀社会」とは何か：二十一世紀社会と社会学」船津衛・山田真茂留・浅川達人『21世紀社会とは何か―「現代社会学」入門 』恒星社厚生閣

船守美穂（2014）「教育のモジュール化が生む、柔軟なカリキュラム」『リクルートカレッジマネジメント』187, 44-49

文部科学省（2005）「初等中等教育における国際教育推進検討会報告―国際社会を生きる人材を育成するために―」
https://www.mext.go.jp/b_menu/shingi/chousa/shotou/026/houkoku/attach/1400589.htm（最終アクセス 12-18-2021）

文部科学省グローバル人材育成推進会議（2012）グローバル人材育成戦略. https://www.
　　mext.go.jp/b_menu/shingi/chousa/koutou/052/052_02/siryou/__icsFiles/afieldfi
　　le/2012/10/30/1327449_07.pdf（最終アクセス 12-18-2021）
松下佳代. 田口真奈（2012）大学授業、京都大学高等教育研究開発推進センター編『生成
　　する大学教育』ナカニシヤ出版
マルカム・ノールズ（2008）『成人教育の現代的実践：ペダゴジーからアンドラゴジーへ』
　　鳳書房

第11章　大学教育のグローバル DX を見据えた教育実践 ─ J-MCP（Multilateral COIL/VE Project）─

池田佳子

1. はじめに─大学の内なる国際化を担う DX（デジタルトランスフォメーション）─

　第 4 章で詳しく解説があるように、大学の内なる国際化（Internationalization at Home）を推進し、より幅広い層が国際教育の経験値を享受する動きが日本国内で現れてきた。これを実現させる鍵となっているのが、デジタル技術の活用である。第 5 章では COIL/Virtual Exchange に焦点化して「Collaborative Internationalization」として位置付け議論された。本章では、コロナ禍を経て、大きな経験と学びを得た日本国内の高等教育が、コロナ禍収束後の「ネクストステージ」を視野に入れ、ようやく本格的に DX に取り組み始めている点に着目したい。

　大学教育の DX を後押ししている潮流の 1 つは、これからどんどん加速化する Society 5.0 社会の構築プロセスである。Industry 4.0（第 4 次産業革命）といわれる時代が 2011 年ごろからスタートし、製造業のデジタル化を進めて生産情報を可視化し、新しいビジネスモデルにつなげるといった努力に代表される社会インフラが成立した。この Industry 4.0 がドイツで提唱されてから数年後の 2016 年に、日本では、情報社会と呼ばれる今日の社会から、Internet of Things（IoT）と人工知能の発達によって「Society 5.0」と呼ばれる理念が登場した。デジタル技術を活用して個人の幸福を考えるというこの運動は、IoT を通じて、社会の利益のために互いに調和して働くシステムを構築し、産業界のみならず、人々の生活において日常使いすることを目的とする。スマートファクトリー、デジタル化とも呼ばれる Industry 4.0 は、企業に様々な発展、利益を約束する一方、Society 5.0 は個人または共同利用のためにサイバーシステムと物理的な現実システムを統合する。スマートシティ、スマートキャンパスなどが生ま

れ、多様な日常がスマート化、デジタルトランスメーションされていくのである。この流れの中に、大学教育の DX がある。

　2022 年 3 月に実施したシンポジウム（KU-DX Symposium 2022）で、大学の DX は何をするべきなのか、というテーマを取り扱った。ゲストとして講演いただいた京都大学飯吉透氏は冒頭で、DX で教育が「デラックス（＝広がる・より展開する）」ことが重要だとまず述べておられた。「リアルとバーチャルを繋げ、その相乗的効果を図ることによって、自大学の教育的価値や魅力をより向上させ、学内・国内・地域・世界での貢献・連携・プレゼンスを高める」ことが何より求められている。コロナ禍だからオンライン、コロナ禍だからデジタル技術を用いて乗り切る、のではなく、コロナ禍でもそうでなくても、デジタル技術を活用し、そして目指すはベスト・ミックスで、従来行ってきた（国際）教育をバージョンアップすること、これがまさに教育 DX の核となる。**図 1** は、本シンポジウムで飯吉氏が提供くださった資料の一部からの抜粋である。

　この図に挙げられている教育実践のどれもが、高等教育において今まさ

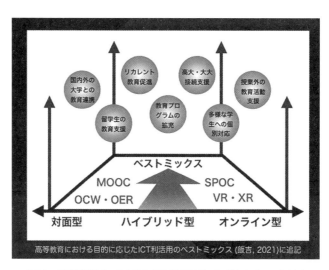

図 1　高等教育における ICT 活用の「ベストミックス」
（飯吉 2022 発表資料から抜粋）

にさらに推進すべきであり、また同時にどれも従来型の手法では課題も見えていることもまた事実である。例えば、高大接続支援を例にとって考えてみると、大阪府下での一見近距離での連携が可能にみえる高大連携であったとしても、移動コスト、担当者の業務負荷、参加できる人数の制限、高校と大学機関の学年歴や学期の微妙なずれによる共同作業の困難さといった様々な課題があり、実現を不十分なものとしてしまうことがあった。ここにDXという可能性の光を照らすとどうなるだろうか。すべての問題が解決するわけではないが、例えば距離や移動の問題は、オンライン上での連携活動を実現することで緩和できる。また、オンデマンド型やソーシャルアプリなどの活用で、参加できる時間の異なりがある（国内「時差」のようなもの）場合でも、高校生が大学から提供される学習コンテンツを学ぶことができ、希望すればコミュニケーションを取れるようにすることも可能だろう。さらには、この考え方であれば、何も国内にその連携先をとどめる必要はない。今まで十分に実現できてこなかったような、グローバル高大連携の実践も、海外渡航やオフショアキャンパスなどを持たずとも実現させることも視野に入ってくる。従来以上の教育を発展的に実現できるのが、「教育のデラックス」であり、それを実現させるのがDX（デジタルトランスフォーメーション）なのである。以下、本章では、関西大学が挑む教育のDXの一端を紹介し、今後の展望も少し触れておきたい。

2. 関西大学の教育のデジタルトランスフォメーション（KU-DX）

Japan Virtual Campus も、新たなオンライン・プラットフォームを開発し提供する、教育のDX（Digital Transformation）の取組の1事例であると言えるだろう。パンデミックによって教育の享受が中断した2020年の学びから、デジタル技術を活用し、従来の教育形式を変容させ、よりインクルーシブかつグローバルな在り方を探求する必要性が高まり、世界各地で多角的なトランスフォーメーションが推進されつつある。日本では

　政府が設置する教育再生実行会議が 2021 年 6 月に発表した第 12 次提言
で、教育のデジタルトランスフォーメーション（DX）を鮮明に打ち出し
ている。「ポストコロナ期における新たな学びの在り方について」の中で
「データ駆動型の教育への転換」が必要とし、教育データの利活用や対面
授業とオンライン授業のハイブリッド化などを促している。日経 BP
（2021. 8. 27）の分析によると、提言の中に「オンライン」という言葉が
92 回も登場する。日本の教育現場は、海外と比較しても、初等中等教育、
高等教育を問わずデジタル化がかなり遅れていた。OECD の調査におい
て学校でのコンピューターの活用機会がダントツの最下位である。また、
各家庭における PC の保有率が、2009 年から 2019 年までの 10 年間で、
低下するという、世界の方向と真逆の現象が起こっていたのである。とこ
ろが、コロナ禍により ICT 環境整備が一気に進んだ。この機運をうまく
活用すれば、教育 DX によって授業に変革がもたらされ、児童・生徒、学
生は、個々の学びのニーズに対応したより良い教育を受ける機会を得るこ
とができるようになる。
　日本国内の大学授業のオンライン化は、コロナ禍の教育 DX の肝として
位置づけられている。日経 BP（2021. 8. 31）が取りまとめた**図 2** のメリッ

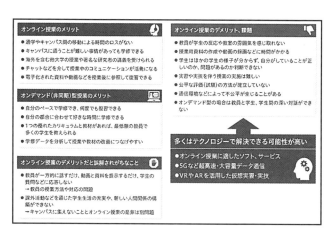

図 2　オンライン授業のメリット・デメリット（日経 BP2021. 8. 31 から引用）

ト・デメリットの比較とその検証を引用した。この表に示されているように、まずオンライン授業のメリットは、デメリットよりも多いということが見てとれる。また、デメリットとしてよく上がってくる項目（例えば「教員が学生の反応や教室の雰囲気を感じとれない」「公平な評価（試験）の方法が確立しない」等）の多くはテクノロジーで解決できる可能性が高いと同記事は指摘している。教員のオンライン授業の方法や対応が改善されることで、双方向性の不足問題などは緩和されるだろう。

　教育 DX を下支えするテクノロジーやデータ通信のインフラは、日々改善しており、そう遠くない未来に多くの「デメリット」とされている側面は解決されると考えられる。この視野を持ち、コロナ禍がもたらした DXへの積極的な姿勢という流れに乗って、日本の教育の変容は一気に行われるべきだろう。本書の第 9 章、第 10 章でもこの論点については深堀りして論考が進められている。

　関西大学は、2021 年に文部科学省が立ちあげた新しい補助金事業「デジタルを活用した大学・高専教育高度化プラン」に申請し、2 件の DX 計画が採択された。取組①「関大 LMS で繋がる「今の学び」と「未来の自分」―学習環境の再構築とキャリア支援―」に加え、国際教育を変容することを主軸とした取組②「越える・広がる・交り合う―関西大学グローバルスマートキャンパス構想―」は、次節で解説する複数の海外大学や国内大学と連携し運営する COIL/VE 型プログラムを、従来よりもさらに多くの学びと共修の体験を日常にもたらすために実装したものである。本書は、後者である取組②がより関連性が高い。この補助金は、あくまでもDX を実現させるためのインフラをスタートさせるために必要な設備投資などを主な補助対象としており、補助金使用が可能な期間は 2021 年度中（2022 年 3 月末まで）であるという期限がついていた。したがって、おおよそ 1 年間をかけて、まずは取組②の目指す Global Smart Classroom を各キャンパスに設置した。この GSC 教室環境を用いて「何をするか」が、本来の意味で DX 実装化の成否を分ける。この実装化は、2022 年度以降の大学の「自立」が求められる。ハード面における DX への備えは、すな

わち活用と維持という、教育 DX のソフト面へのコミットを同時に必然とするものである。大学全体の DX ともなれば、そのスケールは各教員や特定の職員スタッフの自助努力で成り立つものではない。

3.　大学の国際化促進フォーラムと Japan Virtual Campus

　国際化促進フォーラムは、コロナ禍がきっかけとなり、オンラインを活用した教育・交流が急速に進展したことで創出された新しい事業である。スーパーグローバル大学（SGU）創成支援事業は、2014 年の事業開始から各採択大学の構想の下、国際対応力強化や国際通用性向上の取組が多様な形で進展してきたことが土台となり、ニューノーマルに向けた高等教育の更なる国際通用性・競争力の強化を目指して、「大学の国際化促進フォーラム」が 2021 年 9 月に発足した（**図 3**）。

　本フォーラムにおける具体的な活動としては、SGU 採択校を中心とした幹事校 18 大学が牽引する 19 のプロジェクトが運営され、参画を希望する大学間において具体的な横展開・連携が行われている。それぞれのプロジェクトは、大学単体で遂行するのではなく、国内大学間で横展開を行い、その教育活動を海外にも提供することで、日本の高等教育に対する国際的な評価の向上を図り国際化を牽引することが本事業の目的となっている（大学の国際化促進フォーラムホームページ）。大学群の多様な実績の横展開・連携を強化する環境を整備し、SGU 事業終了後は自律的に運営できる組織へと発展させていくことが期待されている。2 年目に突入する 2022 年度も、フォーラムの運営やプロジェクト活動の共有等を目的として総会やシンポジウムの開催が行われる。ホームページによると、2022 年 12 月において会員総数 132 機関（北海道・東北 14、関東 52、中部 19、近畿 21、中国・四国 12、九州 14）が参加している。関西大学は先述の幹事校 18 大学の 1 つとなっており、本章で紹介する J-MCP（Japan Multilateral COIL Program）というプロジェクトをローンチさせた。

　19 のプロジェクトの内大きな柱となるプロジェクトが、Japan Virtual

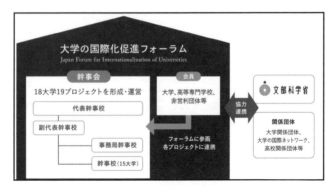

図 3　大学の国際化促進フォーラムの組織図

Campus（JV-C）である。文部科学省が構想を練り、筑波大学が本部として受注し、2022 年 3 月にスタートした。JV-Campus は、そのビジョンとして、「学び手を進化させる」ことを目標としている（Ohniwa 2022）。JV-C の活動を通し、知恵を紡ぎ、循環させることで、組織を活性化させる仕掛けを作ろうとしている。JV-C のデジタルプラットフォームは Moodle LMS を使用している。この中で、(1) 個人向けサービスとしては、各機関が自主管理する教育コンテンツを提供する MOOC 型ボックス、そして (2) 複数機関の協力の下教育コンテンツを JV-C として提供する「戦略的パッケージボックス」の 2 つが展開する。

　2022 年 3 月には、現在の国内への留学生層の入国プロセスがいまだ停滞気味であることを受け、海外向けの「留学生応援特別ボックス」が設けられている。ローンチ前の 2022 年 2 月時点において、54 機関がコンテンツを提供しており、入国緩和が進んでいる現在も世界からアクセスができるようになっている。海外の教育機関からの参加も歓迎している等、日本発の MOOC であるとともに、海外とつながるパイプラインとしての確立を目指すものである（Ohniwa 2022）。

　関西大学でも、JV-C の「大学個別 BOX」のスペースに幾つかの教育コンテンツをすでに提供を始めている（**図 4** 参照）。2022 年度には、既存のプログラムに加えて、後述する J-MCP のプログラムの 1 つとして、国内

図 4　関西大学の提供している JV-C コンテンツ事例

外の高校生層に Virtual Exchange 共修コンテンツを掲載する予定である。

4.　関西大学のグローバル DX 事例：J-MCP

　現在関西大学が JVC コンテンツとして提供しているのが、J-MCP（Japan Multilateral COIL Program）プロジェクトである。

　2022 ～ 2023 年に開講するのは、3 つの科目（21$_{st}$ Century Skills, SDGs and Business, Diversity and Inclusion）である。それぞれここで少しずつ紹介を含めておきたい。

4.1　21st Century Skills

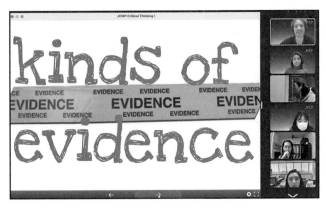

図5　21st Century Skills の科目の様子（2022 年 3 月）

4.2　SDGs and Business

　SDGs（持続可能な開発目標）は、2015 年 9 月の国連サミットで採択されたもので、国連加盟 193 カ国が 2016 年から 2030 年の 15 年間で達成するために掲げた目標である。2015 年以前に掲げられていた MDGs（Millennium Development Goals）に比べると、途上国への支援にとどまらず、先進国においても重要な社会課題も重要視されているのが、SDGsの特徴である。本書コラム①でさらに詳細な解説が提供されているので参照されたい。この SDGs の達成を、経済界が率先してビジネスとして動かし、多様な問題解決をしながらも利益を生み出していく仕組みを考えるというのが、SDGs and Business の科目の主題である。

　2022 年夏に J-MCP としては最初の科目が催行されるが、本テーマの科目は、関西大学においては 2018 年から全学共通教養科目として提供している科目でもある。また、SDGs をテーマとするアントレプレナーシッププログラムなど、IIGE において恒例で開講してきており、国内の学生のみならず海外の学生の関心も高いことがわかっている。

　J-MCP の前形として 3 年間開講した UMAP-COIL Joint Honors

図 6　UMAP-COIL2019 プログラムのポスター

Program も、テーマは SDGs とし、参加学生で構成するグループで世界
のソーシャルビジネスについてケース分析を行った。**図 6** は、UMAP-
COIL プログラムの初年次の様子である。コロナ禍前の 2019 年に実施し
たこのプログラムでは、Peace Boat と連携し、学生達が 3 週間のクルー
ズでの研修活動も行った「Blended Mobility」（第 8 章参照）であった。

4.3　Diversity and Inclusion

　D&I を科目として構築する大きな理由は、COIL/VE 実践が養成するコ
アコンピテンスが異文化間対応能力（intercultural competence）である
こと、そして近年の教育（人財育成）において不可欠と言われているソフ
トスキル（コミュニケーション能力やリーダーシップ、ファシリテーショ

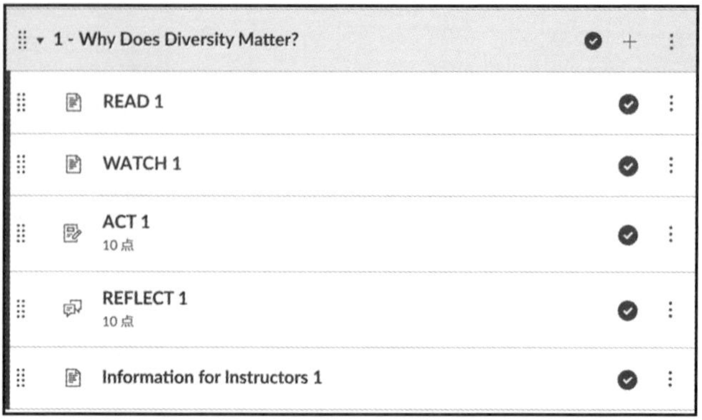

図7　D&I 科目の教育コンテンツを取りまとめた LMS

ンスキルのように評価の尺度を明確に定義しづらいスキル）が、専門的知
識・スキル（ハードスキル）に加えてより重要視され始めていることに求
められる。

　以下のような項目を本科目では取り上げ、参加する学生達が話し合いを
しながら自らの考えを深めていく、という設定になっている（**図7**）。

　　Why Does Diversity Matter?（ダイバーシティはなぜ重要か）

　　Seeing Yourself in a Global Workplace（グローバルな職場で働く自
　　分を想像しよう）

　　Communicating Across Differences（異なりの中でコミュニケーショ
　　ンをとる）

　　Emotional Intelligence for Teamwork（チームワークのための感情
　　知能）

　　Applications and Reflection（応用とリフレクション）

　本書の第3章でも、ダイバーシティが教育機関だけではなく産業界でよ
り重視されていることを考察した。本科目は、設置当初は大学学部生・院
生を対象として進めていたが、今後のニーズ次第では、従業員の能力開発
の一環として社会人が参加できるようなプログラムとして展開させていく

ことができると考えている。

5.　おわりに

　本章が紹介した J-MCP は、「大学教育のグローバル DX」の活動としてはほんの 1 つに過ぎない。第 9 章及び 10 章において解説のあった LMS や多種の ICT を応用した授業提供も、大学教育の見えない「ボーダー」を越えていく、越境した学びの在り方を探求した活動である。本来、大学の内なる国際化とは、この見えない「ボーダー」を取り除くことで実現するものである。その「ボーダー」が、業界を越境する場合もあれば、世代を越境することもある。そして、国際教育の視点からいえば、国や文化を越境するプロセスにそれが該当することもある。教育の DX が、こうした越境学習（石山 2018, 中原 2012）を日常化させる上で大いに役立つことは間違いない。

参考文献

飯吉透（2021）.「高等教育 2050 に向けた展望：日本の大学における教育的 ICT 活用の推進を巡る可能性と課題」, 高等教育研究, 第 24 集, 11-31.

飯吉透（2022）.「教育 DX による次世代の高等教育の創出を目指して」KU-DX シンポジウム（3 月 15 日於関西大学）発表資料.

石山恒貴（2018）.『越境的学習のメカニズム—実践共同体を往還しキャリア構築するナレッジ・ブローカーの実像』福村出版

大学の国際化推進フォーラム https://www.jfiu.jp/about/（最終アクセス 03-21-2022）

中原淳（2012）.『経営学習論 人材育成を科学する』東京大学出版会.

日経 Business Publications（2021）. 教育 DX が授業風景を変える（1）——オンライン化とデータ駆動がもたらす変革
https://project.nikkeibp.co.jp/pc/atcl/19/06/21/00003/082700264/
（最終アクセス 03-21-2022）

日経 Business Publications（2021）. 教育 DX が授業風景を変える（2）——もう後戻りできない大学授業のオンライン化
https://project.nikkeibp.co.jp/pc/atcl/19/06/21/00003/082700265/?SS=imgview&FD=-653719251（最終アクセス 03-21-2022）

Ohniwa, R.（2022）. *JV-Campus: An All-Japan International Online Education Platform.* Presentation at 10th SEAMEO - University of Tsukuba Symposium（online）.

あとがき　ネクスト・ノーマルの社会における大学教育の行方

藤田髙夫

1.「回帰」は改革の「退行」

2020年からのCOVID-19のパンデミックは、大学教育の場にパラダイム転換をもたらしつつある。とりわけ、パンデミックによって選択の余地なく導入されたオンライン授業は、大学教育のあり方に根本的な問いを投げかける要因となっている。このあとがきでは、国際教育という論点を少し離れ、今後の大学教育のあり方に対する展望を述べてみたい。

パンデミック終息後の大学教育に関する提言はすでにいくつか現れている。例えば日本私立大学連盟は、(1) 大学での学び、(2) グローバル化、(3) リカレント教育、(4) 地方創生と大学間連携、(5) 高大連携、(6) 課外活動の各項目について、「オンラインの活用」という視点から論点を整理し、その実現に必要とされる国の施策を提言している（日本私立大学連盟 2021）。また、経団連も国公私立大学のトップを含めた「採用と大学教育の未来に関する産学協議会」の報告書のなかで、「ニューノーマルを踏まえた新たな大学教育のあり方」を提言し、そこでは今後はハイブリッド型教育の常態化を目指すという方向性が示されている（採用と大学教育の未来に関する産学協議会 2021）。

しかし、大学教育を現場で担う教員の、パンデミックによるオンライン授業の導入に対する捉え方は、一様ではない。この事態を日本の大学教育が抱え続けてきた課題を克服するチャンスと捉え、次代を見据えて大学教育のあり方を変えていく出発点として積極的に活用しようとする動きがある一方で、これをあくまでも一時的な緊急事態と捉え、パンデミック以前の状態への回帰を志向する立場も存在するように思える。ただ、後者の立場は、遠隔授業の負担を回避したいがための願望に由来する部分も少なからず含まれているのではあるまいか。

　かつての状態への回帰は、大学教育がこれまで解決できないでいた多く
の課題に、再びかつてと同じスタンスで向かい合う事態に戻ることを意味
する。戦後日本の「大学改革」には何度かの波があったが、筆者の個人的
な感慨では、1991 年の大学設置基準の改正、いわゆる「設置基準の大綱
化」以後、その波は耐えることなく大学に押し寄せ続けている。一般教育
科目と専門教育科目の区分廃止、学部・学科の教育目的に応じた教育課程
の再編成、自己点検・評価システムの導入などを皮切りに、教育の質保証
と単位の実質化、キャップ制の導入、成績評価の厳格化と GPA の導入、
シラバスの充実、FD と授業評価の実施、近年では 3 ポリシーの策定、反
転授業やルーブリックによる評価の導入など様々なメニューが提示され、
各大学はなかば義務的にこれを実行してきた。それらの「改革」が十分な
成果を上げたと評価することはできないであろう。それぞれの施策にはそ
れを必要とする状況があり、期待効果もあったはずだが、実施する主体と
なる大学とりわけ教員には、必要性と効果に対する認識の共有あるいは納
得が欠如しているままに、とにかく行動が求められているという思いでこ
れを受けとめ、矢継ぎ早の要求に疲弊しながら取り組んできたのが実態で
あり、これが一連の改革施策が成果を上げえなかった背景であろう。この
実態が変わらない限り、回帰は停滞と退行につながっていくことにしかな
らない。

　では、コロナ禍で急速に導入されたオンライン授業を、これからの大学
教育に取り込んでいくことが、ただちにこれまで停滞していた大学の教育
改革を推進する特効薬となるであろうか。ここにも実は慎重に考えておく
べき困難が存在している。

2.　オンライン授業の限界は何か

　オンライン授業のメリットとデメリットについては、論点が出尽くした
観があり、各大学や団体が行ったアンケート調査においても、ほぼ同様の
傾向が見て取れる。関西大学教学 IR プロジェクトが実施した 2021 年度

秋学期「授業・学生生活に関するアンケート」（ダイジェスト版）（https://www.kansai-u.ac.jp/ir/research/asset/index/student_survey_2021au_digest.pdf）によれば、授業満足度ではオンデマンド配信授業が 72.4% であるのに対し、対面授業は 58.3% で、オンデマンド配信授業の満足度は高い。しかもこの数字は 2020 年度春 45.2%、2021 年度春 70.4% と推移し、着実に上昇してきている。満足度が高い理由としては、「移動しなくてよい」69.6%、「自分のペースで学習できる」67.0%、「復習が何度もできる」46.8%、など、オンデマンド配信授業の利便性が挙げられている。また、2020 年 8 月に早稲田大学が実施したアンケートでは、オンライン授業のメリットとして「自宅で学習できる」76.4%、「自分のペースで学習できる」70.3%、「通学時間を学習に有効活用できる」57.0% などとなっており（森田 2021）、本学と同様の傾向となっている。

　要するに、移動のための時間が不要となり、どこからでも授業に参加することができることがオンライン授業の最大の強みである。自宅からでも他キャンパスからでも、地方からも海外からも授業に参加可能となり、さらにオンデマンド配信なら時間的な制約も解消されて、この結果、オンライン授業は参加する学生層の裾野を確実に拡大する（吉見 2021）。

　一方、オンライン授業の弱点としては、教員と学生との双方向的なコミュニケーションが取りにくい、集中力が続かない、などの問題が多くの調査で指摘されている。しかし、これらの弱点は教育方法の工夫によって相当程度解消することができる。集中力が続かないという問題は、授業コンテンツを 15 分から 20 分程度の長さに分割することで解決できるし、オンライン授業が導入された当初から、多くの大学でこの方法が推奨されていたはずである。また双方向性の担保についても、チャットや LMS の書き込みなど ICT の様々なツールによって克服できるものである。事実、筆者の周りの教員からは、「学生の発言量が増えた」という感想を耳にしたし、オンライン授業の受講生からも「大教室での授業より発言しやすい」「チャットでなら意見も書きやすいし、みんなに自分の意見を知ってもらえる」というポジティブな意見が寄せられている。つまり、オンライ

ン授業が対面授業よりも本質的なところで劣っているというわけではないのである。

　しかし、オンラインではどうしても克服できないところも存在する。教員と学生とのコミュニケーションはある程度成立しても、学生間のコミュニケーションには限界がある。教員と受講生が「授業時間」を共有していないオンデマンド配信型の大規模授業では学生間のコミュニティー形成はほぼ不可能である。では、Zoom などを用いたリアルタイムの（つまり授業時間を共有している）オンライン授業なら学生間のコミュニケーションが容易かというとそうでもない。通信量の関係などから学生がカメラをオフにしている場合などは、受講生の間に個対個の関係が成立することはまずない。初対面の学生に話しかけ、場の雰囲気をつかみながら、受講生が横の関係を構築する、つまり受講生のコミュニティー形成には、授業時間を共有するだけでなく。リアルな空間を共有することが有効なのである。

　前述のようにオンラインの限界は、ICT ツールの進歩によって一定程度は克服可能であろう。大学が考えるべきは、「時間」と「空間」を共有しなければ実現できない授業とは何か、という点である。それは「場」としての大学の意味を今一度しっかりと自覚することに他ならない。

3. 「場」としてのキャンパスの意義

　冒頭で、オンライン授業によって大学教育のあり方が根本的に問われていると述べた。それは、学生が決められた時間に決められた場所に集まって授業を受けるという形態が、大学教育の唯一の形ではないことが明らかになったことを意味している。コロナ禍を経て、オンライン授業の利点と可能性を多くの学生はすでに認識している。この状況を「学生は禁断の果実を食べてしまった」と歎く向きもあるかも知れない。しかしそれは歎くには当たるまい。

　オンライン授業はこれからの大学教育において不可欠の手段となることは明らかである。大学は対面授業とともにオンライン授業を効果的に取り

入れ、その質を一層高めていく方向にシフトせざるを得ないだろう。オンデマンド配信型であれ、リアルタイム型であれ、ICTを活用した質の高いオンライン授業は、工夫次第で実現可能な環境がすでに整いつつある。

　そのような未来、それもすぐに到来する未来を想定すると、大学が喫緊に対応せねばならない課題と困難が見えてくる。オンライン授業においては、1コマの授業を単に収録して配信する授業は生き残れないだろう。とりわけオンデマンド配信型の授業であれば、相当の時間と手間をかけて作り込んでいく必要がある。それは従来の対面型授業よりもはるかに多大の負担を教員に要求することになる。そのための準備時間と支援体制を大学は準備しなくてはならない。1週間にたとえば5コマ、6コマの授業を担当している教員に、質の高いオンライン授業の実現を求めるのは、現状では大きな困難が伴うのは明らかである。ただ、数年かけて完成度の高いオンライン授業を作り込むことができれば、その科目については授業準備の負担は大幅に軽減され、労力を学生個々の修学状況の把握などに振り向けることができよう。その際には、「去年の動画を使っているのは手抜きだ」などの的外れな批判は控えねばならない。

　一方、対面授業については、「それがあたりまえだから」ではなく、対面でなければならない理由を学生が納得できるような授業が求められるだろう。知識インプット型の授業を対面で行うなら、なぜそれがオンデマンドではないのか、対面だから実現できていることは何なのか、教員が示すことができなければならない。また例えばゼミ形式であっても、それがオンラインでも実現可能な方法があることを学生はすでに知っているのであるから、「ゼミは対面」を当たり前と捉えてしまうと、対面授業の真価を実現できないことになりかねない。

　このような、ある点で当然のことを述べるのは、次代の大学教育を考える上でもっとも重要なものは、教育を提供する大学の視点よりも、教育を受ける学生の視点だからである。学生が求めるのは、「自分は何を学んだか」「何が身についたか」であって、「どこで学んだか」「どのように学んだか」ではない。オンライン教育は、従来キャンパスに閉じられていた大

学教育の空間を広く解き放った。MOOC のような教育コンテンツの開放は、「場」としてのキャンパスの意味を大学に問いかけている。端的に言えば、なぜその大学で学ぶのか、「時間と空間を共有する場」としてのそれぞれの大学の存在意義が、問われているのである。この問いは、実は常に大学に問いかけられてきた問題であったのだが、今般のコロナ禍がその問いかけへの回答を大学に突きつけることになったのである。

参考文献

採用と大学教育の未来に関する産学協議会　2020 年度報告書『ポスト・コロナ時代を見据えた新たな大学教育と産学連携の推進』pp. 5-13、2021 年 4 月.
日本私立大学連盟『ポストコロナ時代の大学のあり方〜デジタルを活用した新しい学びの実現〜』2021 年 7 月
森田祐介（2021）.「ポスト・コロナ時代を見据えた大学授業のデジタル変革」、『大学教育と情報』pp. 5-9 2021 年度 No. 1. https://www.juce.jp/LINK/journal/2104/02_02.html（最終アクセス 04-24-2022）
吉見俊哉（2021）.『大学は何処へ　未来への設計』pp. 118-125 岩波書店

本研究の一部は、2021 年度関西大学研究拠点形成支援経費において、研究課題『急成長するオンライン融合型国際教育「ブレンデッド・モビリティ」の実践研究とモデル開発』（研究代表者 池田佳子）として研究費を受け、その成果を公表するものである。

その他、以下の研究費の助成を受けている。

科学研究費（挑戦的研究萌芽）20K20709．留学生の交渉力を養成する交流型オンライン教育モデルの開発（2020-2023）．研究代表者 池田佳子．

科学研究費（基盤研究 C）20K02982．社会的存在性と相互行為性を促進させた多人数オンライン交流型学習モデルの開発（2020-2023）．研究代表者 バイサウスドン．

科学研究費（基盤研究 B）18H00681．日本企業の「内なる国際化」─日本人・外国人材の実践対話能力の研修プログラムの開発（2018-2022）．研究代表者 池田佳子．

語彙リスト

ICT ＝情報通信技術（Information and Communication Technology）

コロナ禍＝コロナウイルス感染症拡大の影響

留学生 30 万人計画＝日本を世界により開かれた国とし、アジア、世界の間のヒト・モノ・カネ、情報の流れを拡大する「グローバル戦略」を展開する一環として、2020 年を目途に 30 万人の留学生受入れを目指すもので、平成 20 年 7 月に策定された。

技能実習（在留資格）＝外国人が日本で行うことができる活動等を類型化し、法務省（出入国在留管理庁）が外国人に対する上陸審査・許可の際に付与する資格を「在留資格」と呼ぶ。「技能実習」は外国人が技能実習制度を利用し「技能実習生」として日本に滞在するための在留資格のこと。

ファクトフルネス（FACTFULLNESS）＝「事実に満ちている」という意味で、「ネス（NESS）」は「○○な状態・○○な性質」を表す。「先入観や思い込みを排除した、データに基づいた目線」を意味する。

入管法＝出入国管理及び難民認定法（入管法）は、本邦に入国し、又は本邦から出国するすべての人の出入国の公正な管理を図るとともに、難民の認定手続を整備することを目的とした法律のこと。

Society 5.0 ＝「サイバー空間（仮想空間）とフィジカル空間（現実空間）を高度に融合させたシステムにより、経済発展と社会的課題の解決を両立する、人間中心の社会（Society）」のこと。内閣府の第五期科学技術基本計画にて、定義されている。

ハイコンテクスト・ローコンテクスト＝ハイコンテクストとは、暗黙の了解（前提となる、知識やカルチャー）が多く、行間を読むようなコミュニケーション方法のこと。ローコンテクストとは、前提となる、知識やカルチャーの理解がなくても、分かるよう、シンプルで明快なコミュニケーション方法のこと。

ロジカルシンキング＝物事を結論と根拠に分け、その論理的なつながりを捉えながら物事を理解する思考法のこと。

気候変動問題＝今、世界で最も深刻な社会問題である。近年、平均気温が上昇する地球温暖化に加え、世界各地で干ばつや熱波、豪雨などの異常気象による自然災害が多発するようになり、人々の暮らしや経済活動にさまざまな悪影響を及ぼす事象を意味する。

コーポレートガバナンス＝「企業統治」。「会社は経営者のものではなく、資本を投下している株主のもの」という考え方のもと、企業経営を監視する仕組みのこと。

BLM 運動＝ブラック・ライブズ・マター（Black Lives Matter）は、2020年5月、ミネソタ州ミネアポリスで黒人男性のジョージ・フロイド氏が白人警官から暴行を受けて死亡した事件に端を発し、世界的に広がった抗議運動。

アクティブ・ラーニング＝学修者の能動的な学修への参加を取り入れた教授・学習法の総称。学修者が能動的に学修することによって、認知的、倫理的、社会的能力、教養、知識、経験を含めた汎用的能力の育成を図る。発見学習、問題解決学習、体験学習、調査学習2等が含まれるが、教室内でのグループ・ディスカッション、ディベート、グループ・ワーク等も有効なアクティブ・ラーニングの方法である。

AR =「Augmented Reality（アグメンティッド・リアリティ）」の略で、現実を仮想的に拡張する技術。

VR =「Virtual Reality」の略で、日本では「仮想現実」とも呼ばれています。具体的には、専用のゴーグルで人間の視界を覆うように360°の映像を映すことで、実際にその空間にいるような感覚を得られる技術。

IA（Internationalization Abroad）＝高等教育の国際化を推進し、海外留学など外国で行われる活動を中心とした概念。

IaH（Internationalization at Home）＝国内の学習環境において、すべての生徒のための公式・非公式なカリキュラムに、国際的・文化的側面を意図的に統合すること。

地球市民教育＝国際連合教育科学文化機関（UNESCO）が提唱する、学習者がグローバルな諸課題に向き合い、地域レベル及び国際レベルでよりよい解決の方策を考え、積極的な役割を担うことを通じて、より公正、平和、寛容、包括的、安全な持続可能な世界を実現することを目標とする主幹教育プログラム。

Virtual Mobility ＝高等教育機関の学生および教師が、物理的に自宅を離れることなく、一定期間、自国外の別の教育機関でICTを活用し、勉強したり教えたりすること。

Blended Mobility ＝物理的な移動、バーチャルな移動、ブレンデッド・ラーニングを組み合わせた教育概念。

DX（Digital Transformation）＝ AI、IoT、ビッグデータなどのデジタル技術を用いて、業務フローの改善や新たなビジネスモデル・教育モデルの

創出だけでなく、レガシーシステムからの脱却や企業・組織風土の変革を実現させること。

MDGs（Millennium Development Goals）＝ MDGs（Millennium Development Goals、ミレニアム開発目標）は、開発途上国における貧困問題の解決に向けて国連を始め各国政府などの諸機関によって策定された世界共通の開発目標。2000年9月に189カ国が参加した国連ミレニアム・サミットにて採択された「国連ミレニアム宣言」を受け、1990年を基準年、2015年を達成期限として設定された。MDGsでは8つの目標、21のターゲット、そして60の指標が掲げられている。

著者紹介

代表著者

池田　佳子（いけだ　けいこ）

第1章、第3章、第4章、第6章、第7章、第8章、第11章、コラム②
関西大学国際部教授・グローバル教育イノベーション推進機構副機構長　Ph.D.（Japanese Language）
専門分野は国際教育、日本語・外国語教育、会話分析、コミュニケーション学。近年はオンライン型国際教育（COIL/Collaborative Online International Learning）の推進に携わる他、外国人留学生のエンプロイアビリティ推進のためのキャリア形成支援教育モデルと産学連携スキームの構築にも尽力している。近年の活動の詳細は以下のホームページ等を参照のこと。
https://www.kansai-u.ac.jp/Kokusai/IIGE/
https://www.kansai-u.ac.jp/Kokusai/SUCCESS-Osaka/
https://www.success1.jp/

共著者

前田　裕（まえだ　ゆたか）

まえがき
関西大学長　博士（工学）大阪府立大学
専門分野は同時摂動最適化手法を中心とした、ニューラルネットワークの学習・ハードウェア化とその応用、ロボット制御に関する研究。主な論文に、Maeda Y., Wakamura M., "Bidirectional Associative Memory with Learning Capability Using Simultaneous Perturbation", Neurocomputing, Vol.69, (2005). Maeda Y., Wakamura M., "Simultaneous Perturbation Learning Rule for Recurrent Neural Networks and Its FPGA Implementation", IEEE Transactions on Neural Networks, Vol.16, (2005). 共著に『エース 制御工学』（朝倉書店、1999年）、『エース 情報通信工学』（朝倉書店、2004年）など。

藤田　髙夫（ふじた　たかお）

あとがき

関西大学副学長・国際部長・グローバル教育イノベーション推進機構機構長、文学部教授。博士（文学）関西大学

専門分野は、中国古代史、中国簡牘学、東アジア文化交渉学。碑刻や木簡などの出土資料を活用して、中国古代王朝における国家運営の具体像の解明に携わってきた。近年ではデジタルを活用した新たな資料学としてのデジタル・ヒューマニティーズの開拓を試みている。

山本　英一（やまもと　えいいち）

コラム①

関西大学国際部教授・国際教育センター長、博士（文学）関西大学

専門分野は英語学（語用論・意味論）。著書として『ウソと欺瞞のレトリック ─ポスト・トゥルース時代の語用論』、『「順序づけ」と「なぞり」の意味論・語用論』（いずれも関西大学出版部）。長らく英語教育に携わっており、ESP（English for Specific Purposes）の他、国際教育に関連して EMI（English Medium Instruction）の研究にも取り組んでいる。

本村　康哲（もとむら　やすのり）

第9章

関西大学文学部教授・研究推進副部長、博士（学術）神戸大学

専門分野は画像計測、画像処理、教育工学。学生時代は中性子ラジオグラフィによる液体金属等の流体計測と可視化に従事。その後、情報教育、言語教育等に携わった後、ライティング教育、博物館教育等についてエスノグラフィックアプローチを用いたユーザ中心設計にもとづく ICT 支援学習環境の構築に取り組んでいる。

ベネット　アレキサンダー

第3章

関西大学国際部教授、博士（人間・環境学）京都大学 PhD（Japanese culture）Canterbury University

専門分野は日本史、思想史、宗教学。特に、日本の武道文化や武士の倫理の研究に関心がある。その延長線上で、異文化における価値観の相違や衝突に興味を持つ。

バイサウス　ドン
第 6 章、第 7 章
関西大学 IIGE（Institute for Innovative Global Education）
特任准教授　Ph.D.（心理学）
専門分野は社会心理学の様々なテーマやトピックで共通の焦点
を探り、人間の社会的相互作用を分析。日本のみならずオース
トラリアやイギリスの大学での教育経験があり、開発、実施、
評価において豊富な経験を持つ。

岩﨑　千晶（いわさき　ちあき）
第 10 章
関西大学教育推進部教授・教育開発支援センター副センター長
博士（情報学）
専門分野は教育工学、大学教育。学習者の学びを育む学習環境
デザインをテーマに、大学教育における授業設計、オンライン
授業、Faculty Development、学習支援等についての研究に取
り組んでいる。

古川　智樹（ふるかわ　ともき）
第 2 章
関西大学国際部教授・国際教育センター副センター長
博士（文学）
専門分野は日本語教育学。留学生向けのビジネス日本語教育、
ICT を活用した日本語教育実践（反転授業、ブレンディッド
ラーニング、e ポートフォリオ等）を中心に研究に取り組んで
いる。

プールオミッド　サッジャド
第 5 章
関西大学 IIGE（Institute for Innovative Global Education）
特任准教授
アラーク大学（イラン）博士号 TEFL（Teaching English as a
Foreign Language）
大阪大学人間科学研究科人間科学専攻共生学系　博士号
専門分野は、社会的インタラクションにおけるエスノメソドロ
ジー・会話分析。テクノロジーを媒介とした学習環境での相互
作用の研究。COIL や ICT ツールの活用を通じて、高等教育の
国際化促進に取り組んでいる。

ポスト・コロナ禍時代のグローバル人材育成
大学の国際教育のパラダイムシフト

2023 年 3 月 14 日　発行

著　者	池田 佳子　前田 裕　藤田 髙夫　山本 英一 本村 康哲　ベネット アレキサンダー バイサウス ドン　岩﨑 千晶　古川 智樹 プールオミッド サッジャド
発行所	関西大学出版部 〒564-8680 大阪府吹田市山手町 3-3-35 TEL 06-6368-1121 ／ FAX 06-6389-5162
印刷所	尼崎印刷株式会社 〒661-0975 尼崎市下坂部 3-9-20

ISBN 978-4-87354-759-6　C3037　　　　　　　　落丁・乱丁はお取り替えいたします